KB198988

스스로 개척하는 운명

브랜드리스

BRAND·less

성장을 꿈꾸는 기업에게 전하는 도전의 기록

스스로 개척하는 운명

브랜드리스
BRAND◦less®

서진원 지음

3장 세상 사람들의 깊은 잠을 돕습니다

4장 목표는 오직 '고객만족 극대화'

프롤로그

불가능한 도전에서 출발한 작은 성공의 기록

"우리가 만든 매트리스를 우리가 직접 판매하고 싶다!"

'브랜드리스(BRAND·less)'가 세상에 나오게 된 출발점에는 바로 이 생각이 있었다. 그것은 정성을 다해 만든 매트리스를 타 기업에 납품하지 않고 우리의 자체 브랜드로 고객과 만나고 싶다는 강한 열망이었다. 그렇게 누구도 장담할 수 없던 무모한 도전에서 출발한 브랜드리스는 어느덧 전국 41개 직영 체험관과 자체 홈페이지를 통해 업계 상위의 매출을 내는 매트리스 전문 브랜드로 성장했다. 이 책은 그 불가능한 도전이 이뤄낸 작은 성공에 대한 기록이라고 할 수 있다.

대학을 졸업하고 대기업에 다니던 내가 부친이 경영하시던 매트리스 회사에 합류해 느낀 가장 큰 어려움은 납품기업의 고충이었다. 납품가와 시장 판매가의 차이는 오히려 당연한 일 중 하나였다. 그보다 큰 난관이 부지기수로 많았기 때문이다. 우리가 수년간 개발해 납품하기로 한 제품이 그 사양 그대로 타 회사에 발주되는가 하면, 양질의 꼭 필요한 소재들은 가격 문제로 막판에 제외되기 일쑤였다. 아무리 좋은 매트리스를 개발·생산한다고 해도 가격 허들에 막혀 사장될 수밖에 없는 구조였다. 그런 상황에서 우리 회사의 품질 자부심을 지킬 수 있는 방법은 단 하나였다. 바로 모든 납품을 끊고 우리의 독자 브랜드를 만들어 시장에 직접 나서는 것이었다.

오랜 시간에 걸쳐 우리만의 프리미엄 매트리스를 개발하고 체험관을 열어 고객과 처음 만났던 초창기, 브랜드리스의 '합리적인 가격'은 오히려 걸림돌이 되기도 했다. '아무래도 비싼 게 좋겠지.', '가격이 싼 매트리스는 분명 내구성이 떨어지겠지.', '신혼 침대로 유명 브랜드에서 나온 천만 원짜리 매트리스 정도는 사야 해!' 등은 당시 많은 사람들이 매트리스에 대해 생각하고 있던 일반적인 이야기들이었다. 우리는 이런 선입견을 불식시키고 합리적인 가격으로도 프리미엄 매트리스를 얼마든지 구매할 수 있다는 사실을 고객들에게 알리는 일에 최선을 다했다.

물론 그 과정이 쉽지는 않았다. 하지만 끊임없는 연구로 알아낸 최적의 경도, 수십 개의 특허 출원, 다른 브랜드에서는 구현하기 어려운 이중코일 구조, 유럽에서 직수입한 천연의 자연 친화적 소재 그리고 이 모든 것이 포함된 프리미엄 매트리스는 어느덧 브랜드리스를 대표하는 대명사가 됐다. 이제는 오직 매트리스만을 위한 브랜드리스의 열정과 노력을 고객들이 먼저 알아봐 주고 칭찬과 격려를 아끼지 않는다. 10평 남짓한 오피스텔에서 판매를 시작했던 당시를 생각하면 이 모든 것이 감사할 따름이다.

이 책은 납품공장에서 출발한 브랜드리스가 매트리스 시장에서 살아남기까지 일련의 과정을 담고 있다. 특히 브랜드리스의 "세상 사람들의 깊은 잠을 돕습니다."라는 비전과 '고객 만족 극대화'라는 목표를 기업경영의 측면에서 어떻게 현실화하고 구체화시켰는지를 상세히 소개하고자 했다. 개인적으로는 우리의 운명을 남의 손에 맡기지 않고 스스로 개척하고자 했던 의지와 노력을 다시 한번 상기하는 계기로 삼았다. 부족하나마 이 책이 우리와 같이 납품기업에서 독자 브랜드로 발

돕움하고자 하는 소기업들에게 작은 도움이라도 될 수 있기를 바라 마지않는다.

이 책이 나오기까지 고품질 매트리스 제작을 위해 열과 성을 다한 브랜드리스 임직원분들에게 진심으로 감사의 말씀을 드린다.

1장

세상에 없던 새로운 브랜드

매트리스 시장의
지형을 바꾸다

"침대 살 계획이면 브랜드리스 체험관에 먼저 방문해 봐!"

대한민국의 수많은 예비부부가 혼수 침대를 구매하기 위해 결혼 전 한 번은 반드시 찾는다는 '브랜드리스(BRAND·less)'. 이곳에 가면 프리미엄 매트리스를 어느 곳보다 합리적인 가격에 구매할 수 있다는 입소문으로 브랜드리스의 매트리스 쇼룸은 연일 만원사례다.

브랜드리스는 전국 41개 직영 쇼룸(체험관)과 자체 홈페이지를 통해 업계 상위의 매출을 자랑하고 있는 매트리스 전문 브랜드다. 2017년 브랜드를 론칭하고, 기존 시장의 유명 브랜드 대비 3분의 1 가격으로 최고급 프리미엄 매트리스를 판매하고 있다. 다른 브랜드들이 대형 백화점과 쇼핑몰에 매장을 내는 것과 달리 브랜드리스는 교통 편의성이 우수한 곳에 자체 직영점을 내고 고객을 맞이하고 있다. 쇼룸 역시 단순히 매트리스를 볼 수 있는 곳이 아니라 고객이 직접 체험하고 자신의 상황에 맞는 제품을 폭넓게 선택할 수 있는 체험형 공간으로 꾸며져 있다. 이런 이유로 특히 새로 침대를 구매해야 하는 예비부부와 신혼부부들의 사랑을 한 몸에 받고 있다.

실제로 브랜드리스의 혼수 라인업은 상당히 다양하다. 일반적으로 결혼 준비를 할 때, 신혼 가구 중에서 매트리스와 프레임에 가장 많은 투자를 하는 경향이 있다. 각자 30년가량을 따로 지내다가 결혼과 동시에 하나의 침구를 사용하려면 불편한 점이 한두 가지가 아닐 것이기 때문이다. 이런 문제점을 해결하는 방안으로 최근에는 '라지킹 사이즈' 매트리스가 시장에서 크게 각광받고 있는데, 여기에 브랜드리스의 강점이 있다. 대부분의 유명 브랜드들이 한 가지 사이즈의 라지킹 모델을 내놓고 있는 반면, 브랜드리스는 170cm, 180cm, 190cm 그리고 200cm까지 다른 곳에서는 볼 수 없던 다양한 사이즈의 라지킹 매트리스를 보유하고 있다. 또 원하는 경우 라지킹 매트리스를 두 개의 파트로 나누어 부부가 각자 편안한 잠자리를 가질 수 있도록 했다. 이렇다 보니 각종 온라인 커뮤니티에서는 '신혼 매트리스의 성지'로 소문이 자자하다.

그렇다고 브랜드리스 매트리스가 신혼부부들에게만 관심을 받는 것은 아니다. 기존 매트리스를 사용하며 불편함이 많았거나 유명 브랜드의 높은 가격 때문에 구매를 망설이고 있던 고객들은 브랜드리스 매트리스에 대해 칭찬을 아끼지 않는다. 이들이 브랜드리스 침대의 특장점으로 이야기하는 것은 한두 가지가 아니지만 그중에서도 가장 첫손에 꼽는 것은 가격 대비 독보적인 퀄리티다.

"브랜드리스를 알기 전 백화점의 유명 브랜드 매장은 거의 다 돌아봤던 것 같아요. 매트리스 가격이 너무 비싸서 쉽게 결정을 내릴 수가 없었거든요. 그런데 브랜드리스 매트리스는 백화점에서 봤던 수천만 원대 매트리스와 다를 바 없는 고품질에 쿠션감도 상당히 좋았어요. 가격까지 정말 착하고요. 사지 않을 이유가 없었지요."

이와 같은 고객의 평은 현 매트리스 시장에서 브랜드리스가 지닌 강점이 무엇인지 잘 말해준다. 특히 최근 몇 년 사이 매트리스 가격대가 크게 오르면서 '과연 이렇게까지 비싸야 할까?'라는 의문을 가졌던 소비자들이라면 우리 회사의 제품과 가격대에 대만족할 수밖에 없다. '프리미엄 매트리스'라는 이름을 달고 시장에 나오는 순간 기백만 원이 훌쩍 넘는 가격이 예사가 된 지 오래라, 좋은 매트리스를 원하는 소비자 입장에서는 울며 겨자 먹기로 구매할 수밖에 없었다. 그 가격이 부담스럽지만 소비자들은 마땅한 선택지를 찾을 수가 없었던 것이다.

　백화점 브랜드에 비해 가격이 낮다고 해서 브랜드리스 매트리스의 품질이 그보다 부족한 것은 전혀 아니다. 어린 자녀들과 함께 자기 위해 라지킹 사이즈를 구매한 어느 고객은 "전에 쓰던 매트리스 가격이 브랜드리스보다 세 배 정도 더 비쌌는데, 쓰면서 솔직히 차이를 잘 모르겠다."며 "비싸게 주고 샀던 게 너무 아깝다."고 말한다. 그도 그럴 것이 브랜드리스의 매트리스가 적용하는 내장재는 유럽산, 프리미엄 자연 친화적 소재인 데다 업계에서도 드문, 10년 무상보증이 가능한 고강도 스프링이다. 그러니 비싸고 좋다는 제품을 써봤던 고객일수록 브랜드리스의 매트리스에 한층 더 만족하고 있는 것이다. 이런 점은 유명 매트리스 브랜드에 근무하는 직원들이 브랜드리스 매트리스를 더 많이 구입하고 있다는 것에서 잘 알수 있다. 매트리스의 소재와 기능에 대해 잘 알수록 브랜드리스를 선택하는 것에 주저함이 없는 것이다.

　사람들에게는 모든 상품에 적절하고 합리적인 가격이 있다는 믿음이 있다. 하지만 현실은 이러한 믿음을 잘 지켜주지 않는다. 적절한 가격에 양질의 상품을 구매할 수 있기란 실로 어렵다. 브랜드리스의 매트리스가 고객의 사랑을 받는 이유가 여기에 있다. 브랜드리스는 기존의 침대 매트리스 업계가 전혀 선택하지 않았던 새로운 가격, 새로운 판매 방식을 택했고 그 선택은 주효했다. '프리미엄 매트리스의 대중화'를 꿈꾼 지 수년 만에 고객들의 아낌없는 사랑과 선택을 받을 수 있게 된 것이다. 기대 이상의 놀라운 현실을 앞에 두고 브랜드리스 창업자이자 경영자로서 이 새로운 매트리스 브랜드의 모든 것을 낱낱이 밝히고자 한다.

이토록 대중적인
프리미엄 매트리스

브랜드리스가 시장에서 이처럼 좋은 평가를 받고 단시간에 높은 판매량을 기록할 수 있었던 이유는 무엇일까? 아무래도 우리만의 독보적인 매트리스 품질에 그 이유가 있을 것이다. '고급 내장재'와 '뛰어난 내구성'이라는 프리미엄 매트리스의 요건을 모두 충족하고 있으면서도 가격은 타 브랜드 대비 매우 합리적이라는 것도 강점이다. 이런 것들이 소비자들의 많은 선택을 받을 수 있었던 중요한 요인이라고 할 수 있다.

'프리미엄 매트리스의 대중화!'

이것은 우리가 브랜드리스를 처음 시작할 때 내세운 슬로건이다. 그만큼 우리의 모든 노력은 누구나 쉽게 구매 사용할 수 있는 고품질의 매트리스에 맞춰져 있다. 이렇다 보니 일반 소비자가 그동안 쉽게 접근하기 어려웠던 고품질의 매트리스를 브랜드리스에서는 가격 부담 없이 편하게 접해볼 수 있다.

"가격이 저렴한데, 이렇게 편안하고 퀄리티 높은 매트리스는 처음 봐요."

감사하게도 우리 매트리스를 구매하거나 체험관을 방문한 고객들이 이런 이야기를 많이 한다. 그도 그럴 것이 유명 브랜드에서 판매하는 프리미엄 매트리스라고 하면 가격대가 최하 300만 원에서 2~3천만 원을 호가하기 때문이다. 심지어 최근에는 1억 원짜리 매트리스도 시중에 나와 있는 실정이다.

그에 반해 브랜드리스의 대표 모델인 모피어스21의 경우 프리미엄 매트리스의 요건을 다 갖추고도 150만 원 내외로 판매하고 있다. 모피어스21은 말총패드, 분리형 토퍼, 허리 지지 이중스프링 등 최고급 매트리스의 사양을 모두 충족하고 있다. 특히 습도조절과 공기순환능력이 탁월한 소재인 말총을 패드 내장재로 사용해 고객만족도가 상당히 높은 제품이다. 이 정도 사양의 제품을 타 브랜드에서 구입하려면 적어도 5배 이상의 가격을 줘야 한다. 또 최근 새로 출시한 이켈로스23은 말총 외에도 알파카 울을 내장재로 추가해 수면자가 느낄 수 있는 포근함이 남다르다. 여기에 실로 최고급 사양인 더블 유로탑 매트리스 형식인 데 비해 가격은 더없이 합리적이다. 이 외에도 모든 모델마다 두 단계의 경도를 구성해 고객의 체형에 맞게 선택할 수 있도록 하고, 스프링 심재에 대해 10년간 무상수리 서비스까지 제공하고 있다. 브랜드리스 매트리스의 이런 특장점들은 수천만 원대의 매트리스와 견주어도 전혀 손색이 없다.

여기까지 들으면 대부분의 사람들은 "브랜드리스는 역사가 오래된 브랜드가 아닌데 어떻게 좋은 제품을 만들 수 있어요? 그리고 그걸 또 어떻게 합리적인 가격으로 시장에 공급할 수가 있나요?"라고 묻는다. 이 질문에 대한 내 대답은 이렇다.

"브랜드리스는 하루아침에 세상에 나온 브랜드가 아닙니다. 하지만 이 세상에 존재하는 수많은 브랜드들보다 높은 품질의 매트리스를, 그들보다 낮은 가격에 판매한다는 점에서는 아주 새로운 브랜드라고 할 수 있지요."

이게 대체 무슨 말일까 궁금할 것이다.

'브랜드리스(BRAND·less)'가 세상에 나온 지는 불과 7년 정도밖에 되지 않았지만, 우리 회사는 35년 업력의 프리미엄 매트리스 전문 ODM(Original Development Manufacturer; 제조사설계생산) 납품공장이다. 1989년부터 국내외 유명 브랜드에 고품질의 매트리스를 개발하여 제조 납품해 왔으며, 그런 만큼 다수의 특허와 지적재산권을 보유하고 있는 곳이다. 그러니 판매자로서는 신생 브랜드지만, 생산자로서는 어떤 브랜드 못지않은 오랜 역사와 기술을 갖고 있는 것이다. 특히 우리 공장은 누구나 들으면 알만한 유명 브랜드들에 프리미엄 제품을 30년 이상 꾸준히 납품해 온 곳이다. 때문에 매트리스 제조에 있어서는 감히 대한민국 최고 수준이라고 자부할 수 있다.

이렇게 공장 시절부터 이어온 오랜 연구 개발과 남다른 품질철학이 브랜드리스의 밑바탕이 된 것은 분명하지만 그렇다고 해서 그게 전부는 아니다. 기존 납품해 왔던 매트리스보다도 한층 더 고사양의 제품을 개발하기 위해 따로 8년여의 준비 기간을 거쳤다. 또 당시에는 납품가와 제조원가의 한계 때문에 마음껏 쓸 수 없었던 자연 친화적 소재들과 고가의 내장재들도 다양하게 적용했다.

모든 준비를 마치고 드디어 브랜드리스의 첫 프리미엄 매트리스를 세상에 내놓을 수 있게 됐을 때, 우리는 가장 대중적이고 합리적인 가격을 소비자에게 제안하기로 했다. 시중 매트리스 가격이 그토록 높게 책정되어 있는 점이 우리로서는 매우 이해하기 어려운 일이었기 때문이다. 사실 좋은 품질의 제품을 높은 가격에 제공하는 것은 사실 누구나 할 수 있다. 그러나 좋은 제품을 합리적인 가격으로 세상에 내놓는 일은 그야말로 어려운 일이다. 그 점을 알아봐 주시고 선택해 주신 브랜드리스 고객님들께 진심으로 감사할 따름이다.

좋은 매트리스의
조건

"어떤 매트리스가 좋은 매트리스인가요?"

"침대를 고를 때 무엇을 먼저 봐야 하나요?"

"얼마짜리 매트리스를 사야 하나요?"

브랜드리스 체험관에 방문한 고객들이 가장 많이 하는 질문은 바로 이것이다. 업계에 오래 몸담고 있는 나 역시 고객들과 주변 지인들로부터 항상 들어왔던 질문이기도 하다.

어느 브랜드의 매장을 방문하던 매장 가득 수많은 매트리스가 전시되어 있다. 저마다 남다른 특장점이 있다고 하고, 보기에도 제법 좋아 보인다. 그만큼 가격도 만만치 않다. 물론 그 가운데는 비교적 저렴한 제품들도 있다. 이리저리 살펴보다 보면 '낮은 가격의 매트리스는 품질도 낮지 않을까?'라는 걱정도 생긴다. 무엇보다 큰 걱정은 이 많은 제품 가운데 단 하나를 선택해야 한다는 것. 그러니 처음 신혼 침대를 마련하거나 수년 만에 매트리스를 바꾸고자 할 때 고민에 빠지지 않을 사람은 아마 단 한 사람도 없을 것이다.

왜 유독 매트리스는 고르기 어려운 걸까? 어째서 옷이나 신발을 살 때처럼 내 취향에 딱 맞춰 선택하기가 힘든 걸까? 그리고 적정한 가격은 왜 쉽게 알 수 없을까? 그 이유는 사실 간단하다. 매트리스는 옷이나 신발, 화장품처럼 자주 구매하지 않기 때문이다. 사람이 일생동안 구매하고 사용하는 매트리스의 숫자는 기껏해야 다섯 개 내외다. 아니, 그보다 적을 수도 있다. 결혼할 때, 내 집을 마련했을 때, 아이가 청소년이나 성인이 됐을 때 등 인생의 특별한 이벤트가 있는 시기에만 새로 구입하는 것이 일반적이다. 구매 주기가 짧아야 5년이고 대부분은 10년 이상이다. 그러니 어떤 매트리스가 좋고 내 몸에 잘 맞는 매트리스인지 판단이 쉽게 서지 않는 것은 어쩌면 지극히 당연하다. 그렇다고 아무 매트리스에나 누울 수는 없는 법. 과연 어떤 매트리스를 좋은 매트리스라고 할 수 있을까?

좋은 매트리스를 고르는 기준에는 여러 가지가 있겠지만, 가장 대표적으로 이야기하는 요소는 내장재와 내구성이다. 내장재 가운데 심재를 구성하는 스프링은 매트리스에서 가장 중요한 자재 중 하나다. 사람이 누웠을 때 몸무게를 지지해 주고 탄력을 흡수하는 것이 스프링의 역할이기 때문이다. 일반적으로 이 스프링의 숫자가 많고 회전수가 높을수록 지지하는 힘이 좋고 안정감도 좋다. 이와 관련해 좋은 예가 있다. 시중에서 가격이 300만 원 이상인 매트리스의 스프링이 대략 800여 개인데 반해, 우리 제품 중 가격이 그 절반 수준인 모피어스21은 무려 2천410개의 스프링을 탑재하고 있다. 그만큼 지지력이 좋다는 뜻이다.

스프링 외에 또 중요한 내장재는 폼레이어다. 같은 밀도의 폼 또는 라텍스라고 해도 어떤 것은 지나치게 딱딱해 불편한 느낌이라면, 다른 것은 입체적이고 포근한 쿠션감을 갖고 있다. 이 역시 경험 많은 제조사만의 탁월한 기술력을 필요로 한다. 내장재를 직접 볼 수 없어 어렵다면 소비자 입장에서 쉽게 구분할 수 있는 방법으로 '무게의 차이'를 말할 수 있다. 일반적으로 스프링, 폼레이어 등의 내장재가 충실히 들어 있어 무게가 무거울수록 매트리스의 품질이 좋을 확률이 높다.

한편 매트리스의 내구성은 좋은 매트리스의 핵심이라고 할 수 있다. 1년도 채 쓰지 않았는데 스프링이 무너지고 폼레이어가 꺼져 불편해지는 경우가 종종 있다. 이런 매트리스는 아무리 싸더라도 가성비가 좋은 제품이라고 볼 수 없다. 가성비는 사실 둘째 문제다. 중앙부가 꺼진 매트리스를 아깝다고 오래 사용하다 보면 몸이 아래로 둥글게 말리며 척추 건강을 잃기 십상이다. 매트리스의 내구성이 정말 중요한 이유다. 이와 관련해 브랜드리스는 자체 개발한 스파이널 코일spinal coil과 마이크로 코일micro coil을 사용함으로써 10년을 써도 심재부 꺼짐에 대한 걱정이 없다. 10년 무상 품질보증제도는 이런 우리의 자부심을 잘 보여주고 있다.

그런데 좋은 매트리스를 말할 때 위 요소들만큼이나 중요한 것이 하나 더 있다. 그것은 바로 내 몸에 맞는 편안함이다. 한마디로 내 몸이 원하는 '매트리스의 취향'은 매우 주관적이어서 직접 사용하거나 체험해 보기 전까지는 누구도 알 수 없다. 지인으로부터 "이 매트리스 사용해 보니 정말 좋아!"라며 추천받은 제품을 구매했다가 실망한 경험이 간혹 있을 것이다. 이런 일이 생기는 이유는 그 지인과 나의 체형, 감각, 느낌이 서로 다르기 때문이다. 예를 들어 "그 매트리스 단단해?"라고 물었을 때 'Yes' 또는 'No'라는 대답을 들었다고 해도, 답의 기준이 불명확하다. 물론 산업계에서 사용하는 수치는 있지만, 일반적으로 소비자 간에 정보로 쉽게 나눌 수 있는 기준은 아닌 것이다. 결국 상대방이 느끼는 단단함 또는 푹신함이 내가 느끼는 단단함이나 푹신함과 절대 같지 않기 때문에 이런 일이 생긴다. 또 자신의 취향 자체를 정확히 잘 모르는 경우도 있다. 평소 자신은 '푹신한 매트리스'를 선호한다고 생각했지만, 알고 보면 단단한 제품에서 더 깊은 숙면을 취할 수 있는 경우도 있다. 반대로 매트리스는 무조건 단단해야 한다는 기준을 갖고 있었지만 막상 사용해 보니 적당히 푹신한 제품에서 더 편안함을 느낄 수도 있다.

정답은 내 몸에 맞는 편안함을 찾기 위해서는 반드시 직접 누워봐야 한다는 것이다. 이런 점에서 브랜드리스 체험관은 매트리스를 구매하고자 하는 소비자에게 꼭 필요한 공간이라고 자부한다. 누군가 "좋은 매트리스의 조건이 무엇인가?"라고 묻는다면 나는 이렇게 대답하겠다. "매트리스를 구매하기전에 열 번이고 스무 번이고 충분히 누워보세요. 실제 누워보면 적어도 '이건 진짜 아니다'라는 매트리스를 찾을 수 있고, 그렇게 좁혀가다 보면 나에게 꼭 맞는 매트리스를 찾을 수 있습니다."라고.

'유통비 0원'과 '직영 판매'로 비용 최소화

브랜드리스 매트리스가 시장의 주목을 받는 가장 큰 이유는 '합리적인 가격'이다. 그런데 이는 다른 프리미엄 매트리스에 비해 독보적으로 낮은 가격이다. 어떻게 이런 가격이 가능했을까? 브랜드리스 서진원 대표로부터 이야기를 들어본다.

[편집부]

'2천500만 원'

이것은 소형 자동차에 붙은 가격이 아니다. 매트리스 단 하나에 붙여진 가격표다. 그런데 이런 매트리스가 한두 개도 아니다. '프리미엄 매트리스'라고 소개받으면 거의 무조건이다. 백화점이나 쇼핑몰에 입점해 있는 침대 전문 매장에 들러본 사람이라면 이 가격표가 상당히 익숙하다. 물론 이보다 좀 더 싼 것들도 있고, 반대로 두세 배 비싼 것도 있기는 하지만 대부분 거기서 거기다.

그런데 이와는 전혀 다른 가격대로 소비자와 만나고 있는 매트리스가 있다. 바로 브랜드리스의 프리미엄 매트리스다. 브랜드리스의 매트리스는 프리미엄의 모든 요건을 다 갖추고도 150만 원 내외로 판매하고 있다. 다른 곳에서 쉽게 볼 수 없는 매우 합리적인 가격에 많은 소비자들은 "믿을 수 없다."는 반응을 보인다. 그리고 누구나 품는 의문은 "비슷한 품질에 이렇게 낮은 가격대가 어떻게 가능할까?"다.

이에 대해 브랜드리스 서진원 대표는 "우리 회사의 유통 및 판매가 일반적인 가격 형성의 구조를 따르지 않기 때문"이라고 이야기한다.

그렇다면 상품의 판매가격은 일반적으로 어떻게 형성될까?

시장의 모든 상품 가격은 기본적인 제조원가 외에도 다양한 단계의 비용을 모두 포함해 책정된다. 매트리스 역시 마찬가지다. 대형 백화점에 가구매장을 운영하고 있는 A 브랜드의 경우를 보자. 이 브랜드의 매트리스 판매가격은 제조원가, 유통비용, 백화점 임차 및 판매 수수료, TV 등 대중매체 광고비 그리고 영업 판촉비까지 어마어마한 비용을 모두 포함해 책정된다. 따라서 서울 도심 한복판의 대형 백화점에 입점할수록, TV에 광고가 많이 나올수록 그리고 대리점 가맹비나 영업사원의 인센티브가 많을수록 매트리스 가격은 비싸질 수밖에 없다. 이 모든 비용을 차감하고도 기업이 이윤을 남겨야 하므로 더욱 그렇다. 그런데 브랜드리스는 이러한 일반적인 방식을 전혀 따르지 않는다는 것이다.

서 대표가 이야기하는 브랜드리스 가격의 비밀은 크게 세 가지다.

첫 번째, 유통단계가 없다. 이것은 '유통비용 최소화'의 수준이 아니다. 유통에 들어가는 비용이 아예 없다는 뜻이다. 서 대표는 "브랜드리스에 유통비용이 없는 이유는 우리가 바로 제조 공장이기 때문"이라고 말한다. 매트리스 공장을 직접 운영하며 생산자 직판으로 소비자에게 공급하므로 중간 단계가 전혀 없다는 것이다. 이 공장은 특히 30여 년간 유명 브랜드에 대량 납품을 해왔기에 월 생산가능수량이 2만5천 개가 넘는다. 이곳에서 생산해 '공장도가격'으로 소비자에게 직접 공급하는 방식을 취하고 있으니 가격이 합리적일 수밖에 없다.

두 번째 비밀은 직영판매다. 브랜드리스는 모든 판매를 직영점을 통해서만 하고 있다. 매트리스 쇼룸(체험관)을 전국 각지에 수십 곳 보유해 소비자와 직접 만나고 있는 것.

"다른 브랜드처럼 유명 백화점, 대형 쇼핑몰 등에 입점하면 외형상으로는 좋아 보일지 모르나 여기서 발생하는 임차 및 판매 수수료는 상상 이상으로 높습니다. 이 비용을 아껴 고객에게 돌려드리고자 한 겁니다."

물론 서 대표에게도 유혹이 없었던 것은 아니다. '남들처럼 백화점 안에 우리 매장을 열어야 많이 팔 수 있지 않을까?' 하는 고민도 적지 않았다. 또 브랜드리스 매트리스의 퀄리티와 대중인기가 입소문이 나면서부터는 여러 쇼핑몰에서 입점 제의가 들어오고 있기도 하다. 그러나 백화점이나 대형 쇼핑몰에 입점하는 순간 매트리스 한 개당 수십만 원의 비용이 추가로 발생할 것이 뻔하고, 그렇게 되면 제품 가격을 올리지 않을 수 없게 된다. 특히 백화점의 경우 수천만 원의 비용을 들여

주기적으로 인테리어 리뉴얼을 해야 하기에 비용 상승은 더욱 불가피하다. 이런 이유로 서 대표는 "우리의 가격정책을 고수하고, 고객에게 가격혜택을 제공하기 위해서는 직영점 운영만이 답"이라고 말한다. 브랜드리스는 이런 신념으로 2018년부터 지금까지 차근차근 직영 쇼룸을 늘려왔고, 현재는 전국 주요 도시에 41개의 직영점을 운영하고 있다.

서 대표가 추진하고 있는 이 같은 판매정책은 오프라인뿐 아니라 온라인에서도 이어진다. 최근 온라인 쇼핑이 주류가 되는 추세인 만큼 각종 온라인 마켓에 입점하는 것도 당연한 수순으로 여겨지곤 한다. 사실상 국내 유명 브랜드들의 대부분이 이들 온라인 마켓을 통해 판매를 하고 있다. 온라인 종합몰, 오픈마켓, 소셜커머스 등이 그것. 하지만 이 역시도 판매 수수료가 상당히 높다.

"온라인 쇼핑몰들은 거의 대부분 최소 15~20%의 수수료 요율을 책정하고 있어서 입점하는 순간 그만큼 제품 가격을 올리거나 반대로 제조원가를 낮출 수밖에 없습니다. 제조원가를 낮춘다는 것은 곧 품질 하락의 길을 걷겠다는 뜻이 되므로 우리의 품질 철학으로서는 용인되지 않는 일이지요."

이런 이유로 브랜드리스는 현재 자체 온라인 쇼핑몰과 수수료가 가장 낮은 네이버 온라인몰을 통해서만 판매를 전개하고 있다.

브랜드리스 가격 비밀의 마지막 세 번째는 대중매체 특히 TV 광고를 하지 않는다는 것이다. TV 등 매스미디어에 제품 광고를 하려면 상당히 큰 비용이 필요하다. 특히 9시 뉴스나 인기 예능프로 앞뒤에 붙는 광고의 광고비는 상상을 초월할 정도다. 이렇다 보니 실제 수많은 기업들이 광고비만으로도 1년에 수백억 원의 비용을 지출하고 있다. 이는 브랜드리스의 한 해 광고홍보비 예산의 수십 배 정도에 달한다. 서 대표는 "TV 광고를 하지 않는 것만으로 매트리스 한 개당 최소 50만 원 이상의 비용이 절감된다."며 "그 대신 우리는 브랜드리스 매트리스를 선택하는 고객들의 혜안과 입소문을 믿고 기다려왔다."고 말한다.

물론 이런 정책들을 처음부터 지금까지 지속해 온 과정은 결코 쉽지 않았다. 고품질과 합리적인 가격에도 매출이 거의 없었던 초기에는 '가격을 좀 올리더라도 TV 광고를 해볼까?', 'OO온라인마켓이 그렇게 잘 팔린다는데 한번 입점해 볼까?'라는 생각이 하루에도 수십 번씩 고개를 들었다. 적자 상황을 버텨내기 어려울 때는 더욱 그랬다. 그러나 그렇게 하는 순간

'가격 상승' 또는 '품질 저하'가 바로 뒤따를 것이 분명하기에 그 길을 갈 수 없었던 것이다.

돌이켜 보면 브랜드리스가 매트리스 시장에 첫발을 내디뎠던 그때는 열에 아홉 명이 '비싸야 좋은 매트리스'라고 생각했다. 그러나 수년의 시간이 흐른 지금, 가장 좋은 매트리스를 적정한 가격으로 구매하고자 하는 소비자들의 합리적인 선택은 하루가 다르게 늘어가고 있다. 브랜드리스가 설립 초기부터 추구해 온 '프리미엄 매트리스의 대중화'가 드디어 실현되고 있는 것이다.

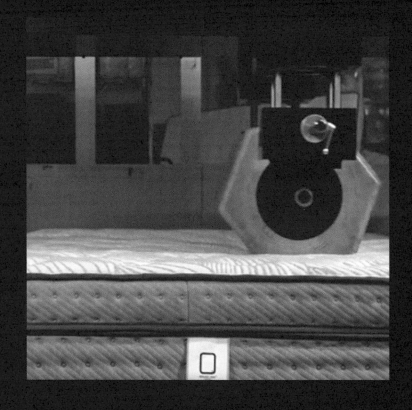

2장

매트리스
시장에 던진
도전장

납품기업의
어려움

  '브랜드리스(BRAND·less)'는 어느 날 갑자기 세상에 나온 브랜드는 아니다. 유수의 대기업에 매트리스를 납품하는 OEM 기업에서 출발해 독자적인 매트리스 브랜드로 거듭나기까지 브랜드리스가 걸어온 길은 결코 순탄치 않았다.

  1989년부터 부친이 경영해 온 매트리스 공장. 이곳은 주로 유명 침대 브랜드에 고품질의 매트리스를 납품하는 OEM공장이었다. 공장의 오랜 역사만큼이나 기술력도 상당했다. 이름만 대면 누구나 알만한 A사, B사, C사 등과 주로 거래했던 만큼 우리 공장이 구현하는 제품 퀄리티는 가히 국내 최고 수준이라고 말해도 결코 과하지 않을 것이다. 대량 납품을 주로 했던 만큼 수십 년간 제조 생산한 매트리스의 숫자만도 200만 개가 넘는 수준. 그러나 그 모든 매트리스에는 우리 공장의 이름이 적힌 라벨이 붙어있지 않았다. 정성으로 만든 매트리스가 우리의 이름이 아닌 다른 기업의 라벨을 달고 시장에 나갈 때, 아쉬움은 이루 말할 수 없이 컸지만 소비자의 선택을 받는다는 것 하나에 그저 만족해야 했다.

지금으로부터 14년 전, 부친의 공장에 처음 와 일하면서 느낀 가장 큰 어려움은 바로 납품기업으로서 겪는 고충이었다. 이는 대부분의 OEM 기업들이 공통적으로 겪는 문제라고 할 수 있을 것이다.

가장 먼저 놀란 것은 납품가와 시장 판매가의 극심한 차이였다. 당시 우리 공장에서 원가 50만 원으로 만든 매트리스가 브랜드에 납품되면 보통 170만 원 수준에 판매되고 있었다. 평균 3.47배의 가격으로 판매되는 것이다. 이런 형태로 한 달에 수천 개의 매트리스를 제조 납품했다. 처음에는 이런 사실을 잘 알지 못했다. 우리는 공장이기에 '납품가'만 중요했지 '최종 소비자판매가'는 관심 대상이 아니었기 때문이다. 그러나 이런 사실을 알고부터는 머릿속이 온통 물음표로 가득 찼다. 우리는 제조원가를 빼고 기껏해야 2% 정도의 마진을 남길 뿐인데, 상대 업체는 우리 제품을 낮은 가격에 납품받아서 왜 이렇게까지 비싸게 팔고 있을까? 궁금한 마음에 어느 날 거래처 구매 담당자에게 조심스럽게 물었다.

"왜 그렇게 비싸게 파시나요? 납품가의 2배로만 팔아도 괜

찮을 듯한데요. 차라리 마진을 낮추고 더 많이 파는 게 낫지 않을까요?"

이 물음에 상대가 한 대답이 놀라웠다.

"매트리스는 비싸야 더 잘 팔린다는 걸 여태 모르셨어요?"

이해할 수 없는 아이러니였지만 이런 시장 구조 속에서 결국 납품기업만이 고통을 겪고 있다는 사실이 더없이 씁쓸했다. 아니, 어찌 보면 소비자도 큰 피해를 입고 있지만 그 사실은 누구도 알 리 없었다.

하지만 이 정도는 그리 큰 문제도 아니었다. 납품기업이기에 겪어야 하는 지나친 단가 인하 요구와 이로 인한 제품 퀄리티 하락은 가장 넘기 힘든 산이었다. 우리 공장은 엄밀히 분류하자면 OEM(Original Equipment Manufacturer; 주문자위탁생산)이라기보다는 ODM(Original Development Manufacturer; 제조사설계생산)이었다. 브랜드 업체에서 의뢰하는 제품을 단순히 생산만 하는 것이 아니라 스스로 제품을 기획하고, 디자인과 사양을 선정해 브랜드에 제안하는 일까지 해내는 회사였다. 즉, 우리 주도로 개발하고 제안하는 과정을 거쳐 사양이 채택되면, 완성된 제품을 브랜드에 공급하는 방식이다. 이 과정에서 우리가 개발한 기술과 디자인에 대해서는 상당수의 특허를 보유하고 있기도 하다.

그러나 이렇게 개발한 상품이 미처 출시도 되기 전에 제품의 사양이 조정되는 일이 종종 일어나곤 했다. 이유는 '단가 인하'였다. 상대 업체 입장에서는 상품판매가를 인하해 가격 경쟁력을 확보해야 하기 때문이다. 이러다 보니 제품이 최종적으로 출시될 때는 처음 개발한 사양과는 전혀 다른 사양의 제품이 되고 마는 경우가 허다했다. 당연히 품질도 낮아질 수밖에 없었다.

또 어떤 때는 우리가 수년간 개발한 신제품을 그대로 카피하여 경쟁 제조사에 주문하기도 했다. 이 과정에서 심지어 거래처가 우리 개발품을 경쟁사로 배송 의뢰한 일도 있었다. 모두 다 우리의 특허를 침해하는 수준의 부당한 일이지만 실질적으로 우리가 할 수 있는 일이라고는 거의 없다고 보면 된다.

이런 일들이 반복될 때마다 안타까운 마음은 점점 더해갔다. 우선은 애써 개발한 좋은 제품이 가격 허들에 막혀 사장될 수밖에 없는 구조가 너무 아쉬웠다. 특히 양질의 꼭 필요한 소재가 가격 문제로 막판에 누락될 때마다 아쉬움이 너무 컸다. 또 하나는 제조원가에 근접한 납품가로 납품하다 보면 개발연구에 들어간 노력과 비용은 모두 물거품이 되고 마는 현실이

더없이 안타까웠다. 시간이 지날수록 매트리스 품질에 대한
우리의 자부심은 심각한 타격을 입을 수밖에 없었다.

더 이상
물러설 곳이 없다

"단가를 더 낮추지 않으면, 계속 거래하기가 어렵겠습니다."

공장이 수개월에 걸쳐 어렵게 개발한 신제품에 대해 발주처인 브랜드 업체의 입장은 단호했다. 올해 공격적 마케팅으로 발주물량이 더 늘 테니 납품가격을 낮추지 않으면 안 된다는 것이었다. 가뜩이나 제조원가를 뺀 마진이 낮은 상황에서 더 이상의 단가 인하는 사실 불가능한 상황이었다. 매번 반복되는 고민이었지만 이번만큼은 정말 심각하게 느껴졌다.

"이 제품, 그 정도로 단가 낮추면 납품해 봐야 적자예요."

공장 내부 회의에서는 다들 무거운 마음을 감추지 못했다. 매트리스 하나당 2~3% 정도의 마진으로 간신히 납품단가를 맞추고 있는 상황에서 어떻게 가격을 더 낮춘단 말인가. 매트리스 원자재인 강선가격과 TDI, MDI 등 원료가격도 나날이 인상되고 있는 상황인데다 그렇게 되면 신제품 개발에 들인 비용은 회수하지도 못하게 된다.

물론 거래처와 협의해 제품 사양을 변경할 수도 있다. 지금까지 숱하게 해왔던 일들이다. 하지만 그때마다 제품의 품질마저 심각하게 하락하니 개발자 입장에서 겪는 심적 고통은 이루 말할 수 없다. "프리미엄 매트리스라고 말하려면 이 자재는 꼭 써야 한다."고 항변해 봐도 돌아오는 대답은 "그거 넣어봐야 어차피 티도 안 나고, 보증기간 1년까지는 사용에 문제 없으니 그냥 저렴한 자재로 바꾸세요."였다. 이렇게 되면 당장 납품은 가능하지만 품질은 엉망이 되고, 국내 최고의 매트리스를 생산해 낸다는 공장의 자부심은 산산조각이 난다. 판매 구조상 무대 위 스포트라이트는 받지 못하더라도 무대 아래서 최고 품질의 매트리스를 묵묵히 개발하고 있다는 우리의 자부심과 자존심은 그 어디에서도 찾을 수 없게 되는 것이다.

하지만 그렇다고 해서 발주처의 가격 인하 요구를 받아들이지 않으면 그때는 그야말로 답이 없다. 일단 주문이 다른 납품처로 넘어갈 수 있다. 그리고 우리 공장의 해당 생산라인을 접어야 되는데 그러면 투자한 설비가 다 무용지물이 될 뿐 아니라 공장직원들도 내보내야 한다. 직원들의 생계 문제를 대표가 그렇게 책임감 없이 결정할 수는 없다. 또 그런 식으로 공장규모가 계속 작아지다 보면 나중에 다시 대량 납품의 기회가 오더라도 잡지 못하게 되고 만다. 더 큰 문제는 이렇게 회사 수익이 낮아지다 보면 장기적인 안목으로 이루어져야 할 설비 투자나 연구개발 투자는 아예 생각할 수도 없게 된다는 것이다. 현재는 이익을 쪼개고 쪼개 어떻게든 수면 연구도 하고 시설 투자도 하고 있지만 이런 식으로 가다가는 얼마나 더 유지할 수 있을지 알 수도 없다.

사실 이런 현실은 우리만의 이야기라고 할 수도 없다. 수많은 중소기업들이 이처럼 발주처에 운명을 맡긴 채 하루하루 연명하듯 살아가고 있기 때문이다. 외부 입김이 있을 때마다 납품기업이 할 수 있는 일은 아무것도 없다. 어떤 결정권도 없이 이러지도 저러지도 못하는 을의 현실에서 벗어날 방법은 없을까? 또 우리의 자존심을 지키면서 제품 본연의 품질을 소비자에게 전달할 수 있는 길은 과연 없는 걸까? 고민에 고민을 거듭하던 어느 날, 새로운 생각이 머리를 스쳤다.

'우리 매트리스를 우리가 직접 판매하면 되지 않을까?'

브랜드 업체에 납품하는 대신 우리만의 브랜드를 만들어 직접 판매한다면 공장을 우리 의지대로 운영할 수 있을 것이라는 생각이 들었다. 매트리스 가격 역시 납품가보다는 높고 시중 브랜드가보다는 낮은 '적정하고 합리적인 가격'을 책정할 수 있을 것이다. 실제로 동종업계 종사자들이 매트리스를 구입할 때 우리 공장에 와서 구매하는 경우도 흔한 일이었으니 직접 판매하는 것도 승산이 충분히 있어 보였다. 우리에게는 최고 수준의 기술력과 각종 특허가 있으니 이건 분명히 경쟁력이 있었다. 2%의 마진이 아닌, 단 5%, 10%만 수익을 가져온다 해도 그 수익을 바탕으로 더 많은 투자와 연구가 가능해지고, 그 연구개발의 결과물을 다시 고객에게 돌려주는 것이 가능할 것이다.

우리는 더 이상 물러설 곳이 없었다. 독자 판매 브랜드 설립의 필요충분조건은 이미 다 갖춘 상황에서 언제까지고 힘든 납품의 길만 걸을 수는 없었다. 무엇보다 우리 운명을 남의 손에 맡기는 일은 더 이상 하고 싶지 않았다. 우리의 운명은 우리 스스로 개척하고 싶었다. 과감히 출사표를 던질 시간이 왔다. 자, 우리의 브랜드는 '브랜드리스(BRAND·less)'다.

'일격필살'의 정신으로

"지금 우리는 자금이 넉넉하지 않은데 만에 하나 실패하면 그때는 어쩌지요?"

브랜드리스를 창업하기로 결정하고 직원들과 첫 기획회의를 시작했을 때 이구동성으로 했던 이야기다. 단단히 마음먹었던 나 역시 '실패하면?'이라는 가정법 앞에서 극도의 불안감에 휩싸였다. 그러나 납품기업이 아닌 '매트리스 전문 브랜드'로 거듭나겠다는 결심을 이제와 꺾을 수는 없었다. 아니, 꺾고 싶지 않았다. 이럴 때는 굳은 의지를 다지는 것만이 답이다.

"매트리스는 브랜드 선입견이 커서 웬만큼 월등한 품질이 아니면 소비자의 선택을 받기 어렵습니다. 특히 우리처럼 작은 기업이 살아남기 위해서는 가격 대비 압도적인 품질력을 보여줘야 합니다. 그리고 여러분도 말했다시피 우리에게는 자금이 충분하지 않으니 기회는 어쩌면 단 한 번일지 모릅니다. 나중은 없어요. '일격필살'의 정신으로 우리만의 제품을 세상에 내놓도록 합시다."

단 한 번의 기회를 가진 우리에게 '일격필살'은 유일무이한 전략이었다. 성급하게 추진했다가는 오히려 낭패를 볼 수 있다고 생각했다. 우선 공장장과 생산팀장이 주축이 돼 신규 매트리스를 개발하기로 하고, 나 역시 어디에 내놔도 최고의 평가를 받을만한 브랜드리스만의 매트리스 사양을 고민하기 시작했다.

사실 지금까지 대기업에 납품했던 우리 매트리스의 사양이 이미 타의 추종을 불허할 정도로 고품질이었기에 그 납품가보다 조금만 더 비싸게 팔아도 충분히 승산이 있을 것이라 생각한 적도 있었다. 우리 매트리스가 시중에서는 납품가의 3~4배 가격으로 팔리고 있으니 말이다. 하지만 다시 생각해 보니 너무 안일한 판단이었다. 매트리스 팔기가 그렇게 쉬우면 우리를 포함한 수많은 공장들은 왜 여태 납품기업으로만 남아있었을까. 결국 소비자의 선택을 받기란 보통 힘든 일이 아니라는 것이고, 자칫 돌이킬 수 없는 실패의 늪에 빠질 수도 있다. 그러니 소비자의 마음을 강하게 끌어당길 수 있는 우리만의 특별한 제품이 있어야만 했다.

첫 번째 샘플은 바로 나왔다. 시제품이 기대 이상으로 훌륭

해서 이 정도면 시중에서 팔리고 있는 매트리스들 가운데 거의 최상급이라는 생각마저도 들었다. 하지만 여전히 아쉬움은 있었다. 우리 매트리스만의 특별함이 부족했던 것. 숙고한 결과, 한국인의 체형과 문화에서 답을 찾기로 했다. 우리나라 사람은 서양인에 비해 허리가 길고, 온돌문화가 아직 남아있어서 매트리스가 허리를 더 단단하게 받쳐줘야만 최상의 편안함을 느낀다. 그렇다면 특히 매트리스 허리 부분에 강화 스프링을 채택함으로써 이전에는 느낄 수 없었던 밀도 높은 편안함을 보장할 수 있을 것이다. 우리는 당장 '허리 강화 스프링'의 개발에 돌입했다.

드디어 나온 두 번째 샘플. 일단 구조를 독특하게 만들었다. 매트 허리 부분의 스프링이 위, 아래에 두 번 들어가는 구조였던 것. 이렇게 하면 위에서 전달되는 충격을 아래에서 한 번 더 흡수하니 허리 부분이 탄탄하게 지지된다는 느낌이 들 것이고, 그만큼 편안하게 잠들 수 있다. 모두 알다시피 호텔 침대의 편안함은 투매트리스two mattress에 있는데, 이 매트리스라면 하나를 사용하면서도 허리 부분만큼은 투매트리스의 느낌을 받을 수 있으니 더할 나위 없이 좋을 것이라는 생각이 들었다. 회사 직원들을 대상으로 한 내부 품평회를 거치며 확신은 더해졌고, 남은 일은 '과학적 검증'과 '양산'이었다. 사실 브랜드리스의 첫 제품으로 허리 강화 매트리스를 내놓는 것에 전직원의 확고부동한 동의를 얻은 만큼 바로 양산 준비에 들어가는 것이 수순이었다. 그러나 '정말 허리에 좋고 편한지' 공신력 있는 기관에서 효능을 검증받고 싶었다. 결과는 대성공이었다. 이중 스프링인 만큼 지지력 수치가 매우 훌륭했고, 수면 중 사람의 몸이 파묻히지 않으니 피실험자가 허리 부분의 편안함을 크게 인정했다.

이제는 그야말로 대량 생산만이 남았다. 하지만 '산 넘어 산'이라고 가장 큰 복병이 있었다. 새로운 방식의 이중 스프링을 대량으로 생산할 수 있는 기계를 도저히 찾을 수 없었던 것. 우리 스프링 기계로는 대량 생산이 어려웠고, 유럽의 기존 스프링 기계 제조사 역시 신규 기계 제작은 어렵다는 답변을 보내왔다. 세계가구박람회에도 참가해 찾아봤지만 마음에 쏙 드는 공업사를 찾기가 쉽지 않았다. 당시의 기술 수준이 그 단계까지 도달하지 못했던 게 이유였다.

남은 방법은 하나였다. 가능한 기계 제조사를 선정해 긴밀히 협업하면서 독자적인 스프링 제조 기계를 개발하는 방법 말이다. 시간이 얼마나 걸릴지는 알 수 없었다. 오래 전 부친께서도 최첨단 독립스프링 제작 기계를 구매하기 위해 무려 5년이나 기다린 적이 있었다.

길고 지루한 기다림 끝에 어느덧 3년이라는 시간이 훌쩍 지났다. 스프링 기계 제조가 막바지에 다다랐을 즈음, 진척 상황을 확인하기 위해 유럽행 비행기에 몸을 실었다. 제조사 대표는 만나자마자 자신만만한 표정으로 기계 성능을 확인시켜 줬다. 새로운 기계는 작업자가 이중 스프링을 일일이 손으로 고정시킬 필요 없이 자동으로 접합시키고 있었다. 이 정도면 대성공이었다. 물론 생산라인에 모두 세팅할 기계 세트의 전체 가격은 수십억 원에 육박했지만 이 기계를 통해 우리만의 고품질 매트리스 양산이 가능하다면 이 정도는 충분히 감수할 수 있다고 생각했다. 3년 전 생각했던 '일격필살'이 드디어 가능해진 순간이 온 것이다. 이제부터는 유명 브랜드업체에 납품할 매트리스가 아닌, '우리의 매트리스'를 만들 수가 있게 된 것이다.

10평 오피스텔에서 얻은
운명을 개척할 용기

　우리 브랜드인 '브랜드리스'를 내건 첫 매트리스가 세상에 나왔다.

　호기롭게 도전장을 내밀었지만 새로운 브랜드의 출발은 그리 녹록지 않았다. 제조, 납품만 하던 회사가 직접 판매를 처음 시작했으니 그럴 수밖에!

　일반적으로 제조업체가 독자 브랜드를 내고 판매업체로 전향해 성공하기란 '하늘의 별 따기'만큼이나 어렵다. '제조'와 '판매'는 필요한 자질이 엄연히 다르기 때문이다. 제조업체에게 중요한 일은 납기일에 맞춰 성실하고 꼼꼼하게 제품을 만드는 것이다. 그러나 판매업체는 이와는 전혀 다른 자질을 필요로 한다. 효과적인 판매 공간을 만들고, 마케팅 기획을 하며, 제품 하나를 팔 때마다 고객을 직접 설득할 수 있어야 한다. 그러기 위해서는 온·오프라인 매장을 열고, 고객응대 담당 직원을 교육해야 하며, 교환 반품 시스템도 잘 구축해야 한다. 필요 자질이 이렇게 서로 다르니 수십 년간 제조만 해온 우리 회사의 입장에서는 판매가 하나부터 열까지 낯설고 어려운 일로 느껴졌다. 쉽게 말하면 나는 댄스 가수인데 배우로서 연기를 새로 시작하는 그런 기분이라고나 할까? 그렇다고 본업을 아예 안 하는 것도 아니기 때문에 어느 날 갑자기 춤도 추고 노래도 하면서 연기도 해야 하는 상황이었다. 제조도 잘하고 판매도 잘하기 위한 극한의 고군분투가 이제 막 시작된 것이다.

당시 매트리스 공장밖에는 가지고 있지 않던 우리가 판매를 위해 가장 먼저 갖춰야 할 것은 '고객과 만날 수 있는 공간'이었다. 그나마 쉬운 온라인 판매를 먼저 시작했지만, 몇 달이 지나도록 거의 팔리질 않았다. 실망감이 컸지만 어찌 보면 당연한 일이었다. 브랜드리스에 대해 아는 사람이 전무한 상황인 데다 당시만 해도 백여만 원에 달하는 상품을 인터넷으로 턱턱 사는 시기가 아니었기 때문이다.

고민 끝에 고객들이 우리 매트리스를 직접 보고 누워도 볼 수 있는 쇼룸이자 체험관을 제대로 오픈하는 것이 급선무라는 결론을 얻었다. 생각 같아서는 시중의 유명 매트리스 매장들 못지않게 넓고 그럴듯한 쇼룸을 만들고 싶었다. 하지만 그것도 자본금이 두둑해야 가능한 일이었다. 회사 사정이야 늘 그렇듯 빠듯했기에 우선은 나의 사비로 체험관을 열어보기로 했다. 그렇다고 주머니 사정을 고려해 한적한 교외에 낼 수는 없는 법. 어렵더라도 유동 인구가 많은 서울 한복판에 브랜드리스의 첫 체험관을 만들고야 말겠다는 오기가 생겼다. 하지만 복권에라도 당첨되지 않는 한, 당장 마련할 수 있는 것은 강남역 인근의 작은 오피스텔 한 호실뿐이었다. 그것도 단 10평!

돌이켜 생각하면 그 시간들을 어떻게 버텨냈는지 모르겠다. 이미 거래처들에 "귀사에 더 이상 납품하지 않겠습니다."라며 되돌아갈 다리를 끊고 시작한 일인데 결과는 한마디로 너무 처참했기 때문이다. 브랜드리스의 첫 쇼룸 겸 체험관은 예약 제로 운영했는데, 오픈 후 6개월이 지나도록 단 한 명의 예약자도 없었다. 월세만도 100만 원이 넘다 보니 매월 쌓이는 적자도 상당했다.

그렇다고 손 놓고 있을 수만은 없었다. 뭐든 해보자는 생각에 전단지도 만들어 뿌려 보고, 온라인몰 상세 페이지에 체험관 안내도 상세히 올렸다. 그러나 갖은 노력에도 체험관을 찾아주는 고객은 쉽게 늘지 않았다. 기존 회사 일도 병행해야 했기에 체험관에 상주하지 않았던 것은 오히려 다행한 일이었다. 열리지 않는 출입문을 하루 종일 쳐다보고 있기도 고역이었을 테니 말이다.

방문 고객이 없는 것도 문제였지만, 10평 남짓 작은 오피스텔에 침대를 전시한다는 것도 쉬운 일은 아니었다. 그래도 체험관인데 단 하나의 제품만 갖다 둘 수는 없는 노릇. 하지만 아무리 머리를 짜내도 공간이 안 나와 하는 수 없이 침대 프레임과 매트리스들을 작게 주문 제작하여 전시해 두었다. 그러니 고객들이 당황했던 것도 무리는 아니었다. 방문 고객 중 열에 아홉은 문을 열고 안을 들여다보자마자 일단 뒷걸음질부터 쳤다. 너무 좁은 데다 아무리 봐도 흔히 보던 매장의 모양새가 아닌 것이다. 그리고는 반갑게 맞이하는 내게 조심스러운 첫마디를 건네곤 했다. "여기 진짜 매트리스 체험관 맞아요?"

매트리스를 보는 둥 마는 둥 하고, 설명조차 들으려 하지 않은 채 떠나는 고객들을 붙잡기란 참으로 어려웠다. 하지만 나는 포기하지 않았다.

"고객님, 어서 오세요! 놀라지 마시고 들어오세요. 브랜드리스 쇼룸 맞습니다. 저희는 제조업체에서 시작한 신생 브랜드이고요, 프리미엄 매트리스를 어느 곳보다 합리적인 가격으로 판매하고 있기 때문에 비용 절감 차원에서 이렇게 작은 체험관을 마련한 겁니다. 궁금하신 점을 최대한 도와드릴 테니 아무 걱정 마시고 저희 매트리스에 직접 한번 누워보세요."

최선을 다해 우리 매트리스를 설명하고 고객의 궁금증을 해소시켜 드리기 위해 안간힘을 썼다. '진인사대천명盡人事待天命'이라 했던가. 실망하고 또 실망하던 중에 내 설명을 귀담아듣던 젊은 신혼부부가 서로 마주 보며 "그럼 우리 브랜드리스 한번 써 볼까?"라고 이야기했던 그날을 나는 아직도 잊지 못한다.

그렇게 첫 판매에 성공한 이후, 우리 매트리스를 찾는 고객의 수는 하루가 다르게 늘어갔다. 물론 그 역시도 쉽게 이루어진 일은 아니지만, 노력을 기울이는 만큼 고객의 선택을 받을 수 있었다. 브랜드리스 체험관은 그 후로 수지 2호점, 부산 3호점 등으로 점차 늘어나 현재는 전국에 무려 41개의 직영 체험관 및 쇼룸을 운영하고 있다. 그 가운데 비교적 최근에 오픈한 경기도 광명점 등은 그 규모가 초창기 체험관과는 비교할 수 없는 규모를 자랑한다. 그리고 하루에도 수천 명의 고객들이 전국 각지의 브랜드리스 체험관에서 우리 매트리스를 경험하며 칭찬을 아끼지 않고 있다.

어떻게 이렇게 놀라운 일이 일어났을까? 이 질문에 대해 나는 이렇게 대답하고 싶다. '가장 좋은 매트리스'를 만들어 합

리적인 가격으로 고객과 만나겠다는 우리의 열정이 10평 남짓

작은 오피스텔에서 오늘의 브랜드리스를 만들어냈다고.

새 매트리스에
톱질을

"아무래도 가격대가 있으면 더 좋지 않을까 생각해서 구매했어요. 그래도 비싼 건 이유가 있을 테니까요."

예비신부 A씨는 한 스튜디오에서 최근 신혼가구로 구입한 침대에 대해 이야기하고 있었다. 270만 원 정도 가격에 구매한 유명 브랜드의 매트리스는 여러모로 A씨의 마음에 흡족했다. 앉아보기만 해도 쿠션감 좋은 게 느껴지는 프리미엄 매트리스라고 했다.

잠시 후 그 옆으로 3분의 1 가격의 다른 매트리스가 등장했다. 새로 등장한 매트리스에 앉아본 A씨.

"그냥 보기에는 거의 비슷하긴 한데, 제가 산 매트보다는 아무래도 쿠션감이 덜 좋게 느껴지는 것 같아요. 가격 때문에 그런가?"

가격 차이가 크게 나는 만큼 제품 기능에 대해 반신반의하는 듯했다.

바로 이때, "지이잉! 지이이잉!" 고막을 찢을 듯한 날카로운 소리가 스튜디오를 가득 채웠다. 다름 아닌 전기톱 소리였다. 두 사람이 손에 전기톱을 들고 나타나 서로 다른 가격의 두 침대를 가차 없이 반으로 갈랐던 것. 이윽고 드러난 매트리스 내부. 놀랍게도 두 매트리스의 내부 구조와 내장재는 똑같았다. 스프링부터 폼레이어, 양모패드까지 한 치의 다름도 없이 완벽히 같았다. 두 매트리스를 살펴본 A씨는 허탈해 했다.

"가격 차이가 3배나 나는데 어떻게 이렇게나 똑같을 수 있을까요? 제가 산 매트리스 아무래도 환불해야 할 것 같아요!"

이것은 사실 우리가 브랜드리스의 제품 퀄리티를 소비자들에게 알리기 위해 만든 영상이었다. 하지만 새 매트리스를 전기톱으로 잘랐던 것은 실제였다. 그리고 "아무리 같은 품질이라고 이야기해도 비싼 제품은 뭐가 달라도 다를 것이다.", "가격이 싸면 품질이 안 좋게 느껴진다." 등의 내용은 현실에서 우리가 흔히 접하는 이야기를 재구성한 것이다.

우리가 이렇게까지 한 데에는 이유가 있었다. 체험관을 마련하고 온라인몰도 구축했지만 판매량이 좀처럼 늘지 않았던 것. 좋은 매트리스를 만들고, 사양 대비 가장 합리적인 가격을 책정했지만 소비자들의 반응은 냉담했다. "프리미엄 매트리스라지만 가격을 생각하면 믿을 수 없다."는 것이 대체적인 반응이었다. 그도 그럴 것이 유명 브랜드의 프리미엄 매트리스는 시장에서 수백 또는 수천만 원을 호가하고 있는 상황 이었다. 그러니 그에 비해 턱없이 낮은 가격이 붙어있는 우리 매트리스가 미덥지 않다는 것이다. 이는 매트리스의 '제조 원가 대비 적정 시장가'가 기존 시장에 존재하지 않기에 일어나는 일이었다. 거기에 더해 비싸야 안심하는 것을 넘어서서 비쌀수록 더 잘 팔리는 풍조도 있었다.

물론 우리 매트리스가 팔리지 않았던 데는 브랜드 인지도가 아직 낮은 것도 한몫했을 것이다. 위 반응과 반대로 "인지도 없는 브랜드의 매트리스가 왜 이리 비싼가?"라는 질문도 적지 않았기 때문이다. 들어보지 못한 브랜드이니 품질도 그리 좋지 않을 것이라고 단정하는 이들이 많았던 것이다. 결국 우리가 아무리 제품 퀄리티를 자부해도 말로만은 고객을 결코 설득할 수 없다는 사실을 깨달았다.

그래서 내린 특단의 조치가 있었으니 전기톱으로 매트리스의 반을 갈라 내부를 샅샅이 공개한 것이다. 우리로서는 이보다 더 자신 있는 일은 없었다. 30년이 넘는 시간 동안 오직 매트리스만 제조 생산해 왔고, 단지 제조만 한 것이 아니라 연구 개발까지도 도맡아 했으니 그 어느 브랜드와 비교해도 품질력만큼은 자신이 있었다.

결과는 기대 이상이었다. 많은 이들이 영상에 관심을 보였고, "매트리스에 대해 이전에 알지 못했던 사실 혹은 비밀을 알게 돼 놀랍다."고 이야기하기 시작했다. 기존 프리미엄 매트리스의 가격에 대해 의구심을 갖지 않았던 이들이 새로운 시각으로 매트리스를 바라보기 시작했다. 그리고 이 영상의 인터넷 조회 수가 폭발하며 브랜드리스에 대한 인지도와 신뢰도도 함께 폭발적으로 높아졌다. 이를 계기로 매출도 서서히 증가하기 시작했다. 어렵게 시작한 판매를 접어야 할지도 모를 절체절명의 순간에 상황을 역전시킬 분기점이 된 것이다. 이 매트리스 단면도는 지금도 브랜드리스 쇼룸에서 전시하고 있어 방문 고객은 언제라도 눈으로 직접 확인할 수 있다.

매트리스를 전기톱으로 잘라 내부를 보인 시연은 브랜드리스 인지도 확장에 큰 도움이 됐다. 그러나 이보다 더 기쁘고 보람 있게 느껴졌던 것은 "좋은 매트리스란 어떤 것인가?"라는 질문과 답에 대해 소비자 스스로 생각할 단초를 작게나마 제공했다는 점이다. 그리고 수년이 흐른 지금, 시장은 크게 변화했다. 소비자들은 더 이상은 무조건 비싼 매트리스, 무조건 유명 브랜드의 제품만을 찾지 않는다. 매트리스 그 안에 있는 제조사의 땀과 노력, 고객을 생각하는 마음을 볼 줄 아는 현명한 소비자들이 나날이 늘어가고 있다.

최적의 경도를
고민하다

브랜드리스가 처음 시장에 출사표를 던지며 무엇보다 깊이 고민했던 것은 앞서도 말했듯 '허리 부분의 편안함'이었다. 매트리스에 대해 대부분의 사용자가 요구하는 것은 '편안한 쿠션감'이고 그중에서도 '허리 부분의 편안함'이야말로 최우선 고려 사항이라고 할 수 있다. 하지만 그 '편안함'이란 것은 도대체 무엇일까? '허리가 편안한 매트리스'는 과연 어떤 매트리스인 걸까?

서양인에 비해 우리나라 사람은 허리가 긴 체형을 갖고 있다. 또한 오랜 기간 단단한 바닥에서 수면을 취했다. 그렇다 보니 서양인들이 선호하는 푹신한 매트리스는 우리에게 잘 맞지 않는다. 매트리스를 사기 전에 한번 누워보고 '딱 알맞게 푹신하다'고 생각했어도 막상 구매해 사용하다 보면 허리가 아프고 불편한 느낌이 드는 것은 그 때문이다.

이런 문제를 해결하기 위해 브랜드리스가 가장 심혈을 기울인 첫 번째 개발 목표는 '허리가 단단한 매트리스'였다. 앞서 이야기한 허리 이중 스프링이 그것. 허리 부분에 스프링을 위아래 두 번 넣는 기법으로 우리가 특허까지 출원한 허리 부분 강화 시스템이다. 브랜드리스 매트리스를 두고 대부분의 소비자가 "쿠션감이 정말 탄탄하다."라고 평하는 것이 이런 이유 때문이다. 여기에 스프링 자체도 특수 제작한 스파이널 코일spinal coil과 마이크로 코일micro coil을 사용함으로써 10년을 써도 심재부 꺼짐에 대한 걱정이 없을 정도다.

하지만 이렇게 단단한 경도와 탄탄한 쿠션감을 구현했다고 해서 이 매트리스를 모든 사람이 다 똑같이 편안하게 느낄 수는 없다. 사람마다 음식의 간에 대해 느끼는 바가 다르듯이 편안함을 느끼는 경도와 쿠션감 역시 저마다 다르기 때문이다. 예를 들어보겠다. 여기 한 식당이 있다. 이곳에서 똑같은 음식을 먹고 난 후 반응이 제각각이다. 어떤 사람은 "간이 적당해서 너무 맛있다."고 하는 반면, 다른 사람은 "너무 싱겁다."고 한다. 심지어 "너무 짜서 못 먹을 지경"이라고 하는 사람도 있다. 음식이 잘못된 걸까? 아니다. 사람마다 입맛이 다르기 때문이다. 어려서부터 먹고 자란 음식의 간이 다르고 입맛이 다르니 음식에 대한 선호와 기호 역시도 저마다 다른 것이다.

매트리스도 마찬가지다. 공장에 있다 보면 멀쩡한 제품도 A/S가 들어오는 경우가 종종 있다. A/S 요청 사유를 들어보면 99%가 '허리가 불편해서'다. 이유를 찾기 위해 제품을 분해해 보면 제품에는 아무런 이상이 없다. 꺼진 부분도 없고, 심재와 내장재 모두 정상이다. 그럼 무엇이 잘못되었기에 고객이 불편함을 느꼈을까? 이유는 명백하다. 사람마다 편안함을 느끼는 쿠션감, 즉 매트리스의 '경도'가 다르기 때문이다. 결국 전 세계 80억 명의 사람들이 모두 편안하게 느끼는 단 하나의 매트리스는 존재하지 않는다.

이런 경험 때문에 브랜드리스는 각각의 수면자에게 적합한 최적의 경도를 제공하는 것을 두 번째 개발 목표로 삼았다. 그리고 오랜 연구 끝에 한국인이 가장 선호하는 두 가지 경도를 찾아냈다. 단단함의 정도를 일반적으로 ①단단함(Firm), ②보통(Medium), ③부드러움(Soft)으로 구분한다고 할 때, 단단함과 보통 사이에 있는 '적당한 탄탄함(MediumFirm)'과 보통과 부드러움과 사이에 있는 '적당한 푹신함(Mediumsoft)'이 바로 그것이다. 이 연구 결과에 따라 우리 매트리스는 모든 모델라인에서 두 가지 경도를 각기 선택할 수 있도록 생산하고 있다.

하지만 그렇다고 해서 '적당한 탄탄함(MediumFirm)'과 '적당한 푹신함(MediumSoft)' 두 가지 경도에 모든 고객이 만족할 것이라고 생각하지는 않는다. "나는 엄청 푹신한 매트리스를 찾는데?" 혹은 "나는 정말 탄탄한 매트리스에서 자고 싶어!"라고 생각하는 고객도 분명히 있기 때문이다. 이 경우 고객은 별도의 추가비용을 내고 가장탄탄-적당탄탄-보통-적당푹신-가장푹신 경도 중에서 원하는 경도를 주문 제작할 수 있다. 브랜드리스는 위 두 가지 대표 경도로도 맞춰지지 않는, 세밀한 경도는 고객 맞춤형으로 제작 가능한 시스템을 갖고 있기 때문이다. 만일 경도를 더 세심하게 고르고 싶은 고객이라면 공장에 직접 방문해 누워보고 결정할 수도 있다.

매트리스 선택에서 자신에게 꼭 맞는 경도는 편안함을 좌우하는 가장 중요한 요소다. 브랜드리스가 35년간 그 경도를 연구해 온 이유는 단 하나다. 우리가 만든 매트리스에서 고객들이 허리 불편함 없이 누구보다 편안하고 안락하게 숙면을 취할 수 있기를 바라는 것. 이 바람을 이루기 위한 노력은 앞으로도 꾸준할 것이다.

소재에서 답을 찾다

이탈리아 밀라노박람회, 독일 쾰른박람회, 프랑스 메종 & 오브제박람회.

매트리스 업계에 몸담은 이후 거의 매년 빠짐없이 참석하는 행사들이다. 세계 각국의 가구 동향을 한눈에 볼 수 있는 이곳에서 가장 눈여겨보는 것은 바로 매트리스에 사용하는 '소재'다. 소재는 모든 가구에서 중요하지만, 매트리스는 특히 더 사람의 몸과 밀착되는 가구 겸 침구라는 특징 때문에 소재 중요성이 한층 높다. 이런 매트리스의 소재를 유럽에서 찾는 이유는 아무래도 그들의 침대 문화가 우리보다는 오래됐기 때문이다.

우리나라의 침대 역사는 사실 매우 짧다. 1988년 서울올림픽을 전후로 침대가 보급되기 시작했고, 당시에 "집에 침대가 있다."고 하면 중산층 이상이었다. 그 이전까지는 대부분의 가정이 바닥 생활을 했다. 연세가 높으신 분들 가운데는 지금도 침대를 불편해하며 사용하기를 꺼리는 분들이 적지 않다. 반면 미국이나 유럽은 19세기 후반부터 이미 침대를 대중적으로 사용했다. 그들은 할아버지 집 침대에서 뛰어놀고 그 침대의 촉감을 자라서도 기억하고 있다. 이렇게 침대 역사가 깊은 만큼 침실 관련 문화도 매우 발달해 있다. 특히 매트리스와 각종 침구의 내부를 채우는 내장재가 우리나라와는 비교할 수도 없이 다양하다. 이런 유럽의 매트리스에서 사용하는 여러 소재 가운데서도 가장 대표적인 고급 내장재가 바로 '말총'이다.

'말총'은 고대 그리스인들이 로마와의 전쟁에서 피부를 보호하기 위해 갑옷 속에 넣었던 소재로 알려져 있다. 문헌에 따르면 말총이 피부질환을 예방해 주는 기능을 갖고 있어 갑옷 속에 넣는 용도 외에도 건초더미, 양모 등과 함께 겹겹이 쌓아 침구로 사용했다고 한다. 이것이 오늘날 침대의 기원이라고 할 수 있다. 이렇게 수천 년의 검증 기간을 거친 만큼 말총이라는 소재의 쾌적함과 안전성은 의심할 여지가 없다. 스웨덴의 헤스텐스Hastens 덕시아나Duxiana 등과 같이 오랜 역사를 가진 침대 브랜드들이 가장 고가의 라인에 말총 내장재를 사용하는 것 역시 이 때문이다.

브랜드리스를 대표하는 '모피어스21' 제품을 처음 론칭할 때 소재에 대한 고민이 무엇보다 많았다. 말총 소재를 사용하면 품질은 월등히 높아지지만, 원재료 가격이 만만치 않기 때문이다. 하지만 결국에는 말총을 선택할 수밖에 없었다. 1억을 호가하는 유럽의 대표 매트리스에서 사용하고 있는 말총을 국내 소비자들에게도 선보이고 싶은 욕심이 컸기 때문이다. 물론 가장 큰 걸림돌은 '가격'이었다. 제품 사양에 포함시키는 순간 컨테이너 수십 개 분량이 필요한데 국내에서는 제주도에서 생산되는 소량 외에 말총을 구할 수가 없으니 모두 수입에 의존해야 하기 때문이다.

하지만 두드리면 열린다고 하지 않던가. 말총 생산지를 직접 방문해 중간 유통 없이 연간 계약으로 완전히 직수입하고, 국내에 들여와 우리가 직접 가공 제조해 매트리스에 사용하는 방법으로 비용을 획기적으로 낮췄다. 여러 생산지 가운데서도 전 세계 명품 매트리스 브랜드가 거래하는 곳에서 조달해 가격이 상당히 높지만 그 대신 품질도 월등하다. 워낙 고가이다 보니 현재 국내 브랜드 가운데 말총 소재를 사용하는 곳은 거의 없다. 한두 제품 있더라도 가격은 3천만~5천만 원 수준. 반면 우리 제품은 150만 원 정도이니 소재에 대해 잘 아는 고객일수록 브랜드리스를 선택하는 것은 당연지사다. 이제는 '말총패드 탑재 매트리스' 하면 브랜드리스를 떠올릴 정도로 입소문이 단단히 났다.

  말총과 더불어 양모 역시 소홀히 할 수 없는 내장재다. 양모도 마찬가지로 비용이 관건이다. 게다가 품질 좋은 양모는 쉽게 구할 수조차 없다. 그래서 많은 매트리스들이 양모가 단 5%만 포함돼 있어도 '양모패드'나 '양모커버'라고 광고하곤 한다. 그러나 우리 매트리스의 경우 유럽산 순수 양모로 만든 레이어layer를 두 겹이나 사용해 커버를 만든다. 두툼하고 포근해 이불로 덮고 자도 손색이 없을 정도다. 물론 이렇게 하려면 비용이 몇 배 들지만 가장 편안한 잠자리를 구현하기 위해서라면 포기할 수 없는 부분이다. 그리고 다행스럽게도 매트리스에 대해 식견이 높은 고객일수록 브랜드리스를 구매하는 이유로 '좋은 소재'를 이야기하고 있다.

  어찌 보면 '소재'야말로 매트리스의 본질이라 할 수 있다. 그러나 합리적인 가격의 고품질 소재를 찾는 일이 결코 쉬운 일은 아니기에 지속적인 노력이 반드시 필요하다. 나를 포함한 임원진들이 바쁜 일정 중에도 매년 유럽행 비행기에 몸을 싣는 이유도 이 때문이다. 그런데 이 과정에서 반드시 지키는 철칙이 있다. "충분히 검증된 안전한 소재만을 사용한다."는 것이다. 첨단 신소재는 혁신적인 기능을 갖고 있다는 장점이 있는 반면, 안전성 측면에서 아직 충분히 검증되지 않았다는 문제점을 안고 있다. 그러니 내 가족, 내 아이가 사용하는 매트리스라 생각한다면 안전성이 확보되지 않은 화학 소재를 단순히 고기능이라는 이유만으로 절대 사용할 수 없는 것이다.

10년을 써도 짱짱한 고강도 스프링, 어떤 충전재보다도 오랜 역사를 지닌 말총, 포근한 잠자리의 필수재인 양모. 우리는 여기에 값싼 화학 소재를 배제하는 신념까지도 매트리스의 가장 좋은 소재로 삼았다. 30여 년간 지켜온 이 원칙들이 오늘의 브랜드리스를 있게 한 것이다.

3장

세상 사람들의

깊은 잠을

돕습니다

최상의 잠자리를
합리적인 가격으로

"세상 사람들의 깊은 잠을 돕습니다."

이것은 브랜드리스가 사업 초기부터 가져온 회사의 비전이다. 어느 기업이나 자신들만의 신념과 그것을 구체화한 비전, 목표가 있을 것이다. 브랜드리스는 이 세상 모든 사람들이 깊고 편안하게 잠잘 수 있도록 토털 솔루션을 제공하는 기업의 미래를 비전으로 삼았다. 그래서 숙면에 도움을 주는 고품질의 매트리스를 제작 판매하는 것은 물론, 수면에 대한 모든 것을 책임지는 '수면 전문 브랜드'로 성장하고자 했다. 이 비전을 구체적으로 실천하는 첫 번째 목표이자 방법이 바로 '최상의 잠자리를 합리적인 가격에 고객이 원하는 시간에 제공하는 것'이다. 한마디로 거품을 다 빼고 오직 '고객의 편안한 수면'만 남기겠다는 것이다.

이런 우리의 생각은 '브랜드리스(BRAND·less)'라는 브랜드명에도 잘 드러나 있다. 고객과 만날 때 필요한 우리만의 브랜드를 만들었으나, 여기에 고객의 혜택을 가로막는 일명 '브랜드값'은 없다는 의미를 담은 것이다. 다시 말해 완벽한 품질의 매트리스를 적정 가격에 판매함으로써 고객에게 최상의 잠자리를 제공하고 이를 통해 고객만족 극대화를 추구하겠다는 것이다. 그리고 이렇게 하기 위해서는 먼저 실천해야 할 두 가지가 있었다. 첫 번째는 완벽한 품질 구현이고, 두 번째는 그 품질에 맞는 합리적인 가격 정책이다.

"가성비 매트리스라고 하더니 그렇게 싸지도 않네!"

브랜드리스의 프리미엄 매트리스를 둘러본 뒤, 이렇게 이야기하는 사람들이 간혹 있다. 이분들은 "가성비가 좋다."라는 말의 뜻을 "가격이 싸다."로 이해했다고 볼 수 있다. 하지만 이것은 옳은 해석이 아니다. 우리가 이야기하는 '훌륭한 가성비'는 '무조건 낮은 가격'이 아니다. 품질과 사양에 걸맞은 '적정하고 합리적인 가격'인 것이다. 프리미엄 매트리스라는 전제를 두고 볼 때, 우리 회사 매트리스만큼 가성비 높은 매트리스는 어디서도 찾아볼 수 없다고 단언할 수 있다.

사실 '매트리스'의 품질을 말할 때 가격 문제를 떼놓고는 생각할 수 없다. 왜냐하면 유통비, 광고비, 입점 수수료 등의 거품을 모두 없애고 오직 제조원가만 가지고 승부한다 하더라도 각각의 사양을 정확히 구현하기 위해서는 꼭 필요한 제조원가가 있기 때문이다. 우리 공장에서는 수십 년간 다양한 사양의 제품을 거래처의 요구에 맞춰 제조 생산했기 때문에 마음만 먹으면 10만 원, 20만 원짜리 매트리스도 얼마든지 만들어 판매할 수 있다. 그러나 그렇게 지나치게 낮은 가격의 제품을 제조하면 품질도 따라서 낮아질 수밖에 없다. 한두 해 쓰고 난 후 스프링이 무너지고 폼 레이어가 꺼져서 금방 다시 사야 하는 매트리스는 결코 가성비 좋은 매트리스가 아니다.

그렇다면 중간 품질의 제품을 그 역시 타 브랜드보다 매우 낮은 가격에 판매할 수도 있었을 것이다. 이 경우는 소비자가 또 만족을 못 한다. 예를 들어 우리가 50만 원짜리 매트리스를 판매하는데 그것이 유명 A 브랜드의 100만 원짜리 제품과 같은 사양이라면 적지 않은 고객들이 '차라리 50만 원 더 주고 친숙한 A사 매트리스를 사는 게 더 낫지 않나?'라고 생각할 수 있다. A사의 가장 하위 모델이지만, 우리와 같은 신생 브랜드가 아닌 기존 시장에 있던 브랜드라는 이유에서다. 또 50만 원이 그리 큰돈이 아니라는 이유도 있다.

하지만 똑같은 고품질 사양의 매트리스를 우리가 120만 원에 판매하고, A나 B사가 500만 원이나 천만 원에 판매한다면 이것은 얘기가 다르다. 고객에게 정말 큰 메리트가 있다. 결국 이렇게 팔 수 있다면 우리에게도 승산이 있다고 생각했다. 그래서 타깃을 고품질로만 좁혔고, 최종적으로 구축된 방향이 '프리미엄 매트리스를 합리적인 가격으로 제공하는 것'이었다.

브랜드리스의 매트리스는 기본적으로 고품질의 사양이라는 것 외에도 맞춤형 경도, 다양한 라지킹사이즈, 블록형 구조 등 유니크하고 다양한 특장점을 지니고 있다. 이런 특장점들에도 불구하고 초기에는 판매 경험이 없어 많은 시행착오를 겪었다. 이미 시장에 선점 브랜드가 많은 상황이었기에 모든 것이 녹록지 않았다. 하지만 그 과정에서 분명히 깨달은 것이 있었다. 그것은 '최상의 잠자리를 합리적인 가격에 고객이 원하는 시간에 제공'하기 위해서는 우리의 신념을 유지할 수 있는 우리만의 판매점, 배송시스템, 고객서비스 정책이 필요하다는 것이었다. 이 장에서는 이와 관련한 우리의 다양한 정책과 노력을 소개하고자 한다.

직영 판매만
고집하는 이유

브랜드리스는 현재 전국 주요 도시에 41개의 체험관(쇼룸)을 운영하고 있다. 서울 및 수도권 지역 23곳을 비롯해 경상, 강원, 충청, 전라 등 전국 주요 지역을 총망라하고 있다. 고객들은 이곳에서 매트리스 상담, 체험, 구매를 원스톱으로 진행할 수 있다.

그런데 이들 체험관은 모두 직영으로 운영되고 있다는 특징이 있다. 많은 가구 판매점들이 대리점 형태로 운영되는 것과는 매우 다르다고 할 수 있다. 사실 대리점 출점 시 초기 지원을 하고 가맹비와 판매수수료를 챙기는 것이 본사 입장에서는 한층 쉬운 일일 것이다. 반면 체험관을 직영으로 운영하면 처음 입지 선정부터 오픈 준비, 매장 및 직원 관리, 매출 부담 등 힘든 일이 한두 가지가 아니다. 또한 초기 집행되는 비용도 천문학적이다. 그럼에도 불구하고 브랜드리스가 굳이 오프라인과 온라인 모두 직영 판매만 고집하는 데는 몇 가지 이유가 있다.

첫째, 직영점으로 운영해야만 고객만족 최우선의 원칙을 지킬 수 있다. 대리점은 점주가 사장이므로 점주의 의지대로 매장을 운영할 것이다. 또 대리점이 돈을 벌기 위해서는 현실적으로 점주가 무리한 영업을 할 수밖에 없는 구조로 되어 있다. 그러니 대리점 형태로 판매점을 운영하게 되면 '고객만족 극대화'라는 우리 회사의 의지가 아무리 강하더라도 그것이 실현되기 어렵다. 예를 들어 브랜드리스는 특별한 경우를 제외하고 교환과 반품이 다 가능하지만 대리점에는 이를 강제할 수 없다. 또 판매실적보다는 친절한 응대를 더 중요하게 생각하는 우리의 신념도 대리점에 강요하기는 어렵다.

둘째, 직영으로 운영할 때만 정가 판매의 원칙을 지킬 수 있다. 가구와 가전을 구매할 때 많은 소비자들이 제품 모델을 이미 결정해 놓고도 또 다른 여러 매장을 전전한다. 그 이유는 하나의 브랜드라도 각 매장마다 가격이 천차만별이기 때문이다. 심지어 한 매장에서도 판매원마다 서로 다른 가격의 견적서를 써줄 때도 있다. 이런 상황에 소비자는 피로감을 느낄 수밖에 없다. 이 역시 직영점이 아닌 대리점들이기 때문에 일어나는 현상이다. 브랜드리스는 고객이 어느 곳에서 구매하더라도 모두 같은 가격으로 살 수 있도록 정찰제를 원칙으로 하고 있다. 서울 방배점과 대구 수성점의 가격이 완전히 똑같아야 한다. 온라인으로 구매하더라도 마찬가지다. 제품은 물론 사은품도 같다. 그런데 이 역시 대리점들에게는 강제할 수 없기 때문에 직영점 운영만이 답이라고 할 수 있다.

셋째, 판매점이 매출 하락으로 폐점할 경우 그 손실은 회사가 감수하는 것이 옳다는 생각 때문이다. 만약 우리 체험관이 폐점하게 되면 그 부담과 손실은 오로지 회사와 나의 몫이다. 그러나 대리점의 매출이 하락하고 폐점까지 하게 된다면 그것은 대리점주의 부도가 된다. 그렇게 되면 전 재산을 걸어 사업을 시작한 점주의 고통이 너무 클 것이다. 그런 상황을 지켜보는 것이 심적으로 힘들 것이라는 생각이 들었다. 이것 역시 전 체험관을 직영으로 운영하게 된 원인 중 하나라고 할 수 있다.

한편 신규 체험관을 오픈할 때는 전략적으로 지역균등과 교통 편의성을 최우선으로 고려하고 있다. 여기서 '지역 균등'은 한마디로 말해 전국의 각 행정자치도에 빠짐없이 체험관을 오픈하는 것이다. 사실 신생 브랜드가 처음 판매점을 출점할 때는 대부분 서울에 집중한다. 그보다 더 넓혀도 기껏해야 수도권 정도고, 지방에는 거의 내지 않는다. '예상 매출액'을 기반으로 해야 하기 때문이다. 하지만 브랜드리스는 서울 강남점,

경기도 수지점, 부산점, 대구점 등의 순서로 체험관을 오픈했다. 이후 충청도, 강원도, 전라도 등에도 빠짐없이 출점했다. 아직 우리에 대한 인지도가 낮은 상태에서 강원지역까지 체험관을 넓히는 것을 보고 주변에서는 "모험 아닌가?"라고 말했을 정도다. 그러나 위험을 감수하고까지 그렇게 했던 가장 큰 이유는 우리 매트리스를 체험하기 원하는 고객들에게 편리한 접근성을 제공하기 위해서였다. 예를 들어 강원도에 사는 고객이 "어디로 가면 되나요?"라고 물었을 때, "경기도나 대구로 방문해 주세요."라고 말하고 싶지는 않았다. 적어도 "저희 강원지역 체험관이 원주에 있으니 이쪽으로 방문해 주십시오."라고 응대하는 것이 맞다고 생각했던 것. 이렇게 지역별로 균등하게 밸런스를 맞추고자 했던 또 다른 이유는 매트리스업계에서 장차 국내 1위 브랜드가 되고, 우리나라 대표 브랜드로서 글로벌 시장으로 진출하는 목표를 갖고 있었기 때문이다.

이런 체험관의 지역 내 위치를 선정할 때는 다른 것보다도 교통 편의성을 우선 고려해 지하철역에서 최대한 가까운 곳으로 택하고 있다. 예를 들어 강남역에 위치한 강남점의 경우 인근에 가구 전문매장이 전무하다. 가구 브랜드로서는 불모지인 셈. 하지만 브랜드리스는 강남점의 최적합지로 교통 편의성이 가장 우수한 강남역을 택했고, 그 판단은 옳았다. 교통이 좋고, 퇴근 후 쉽게 들를 수 있어 예비 신혼부부의 발길이 끊이지 않고 있기 때문이다. 높은 접근성은 바로 높은 고객만족도로 이어졌을 뿐 아니라 우리 회사 인지도 상승에도 크게 기여하고 있다.

#녹턴19

체험관 운영의 원칙

체험관(쇼룸)은 고객이 브랜드리스 매트리스와 가장 먼저 만나는 장소다. 이곳에서 고객은 브랜드리스가 출시한 네 가지 모델을 꼼꼼히 살펴보고 직접 체험해 볼 수 있다. 그래서 공간도 단순히 판매매장이 아닌 매트리스 전시관 겸 체험관의 방식으로 운영하고 있다.

브랜드리스의 체험관이 타 매장과 가장 크게 다른 점은 '예약제'로 운영하고 있다는 것이다. 물론 예약 없이도 방문이 가능하지만 기본적으로는 온라인 예약 고객을 우선 응대하고 있다. 이렇게 예약제 방식을 택한 것은 단순히 눈으로 보거나 설명을 듣는 것에서 그치지 않고 여러 가지 매트리스를 고객이 원하는 다양한 방식으로 체험하는 과정이 있기 때문이다. 체험에는 적지 않은 시간이 소요되는데, 사람이 많이 몰리는 주말이나 오후 시간대에 적당한 시간 간격을 두지 않으면 먼 길온 고객이 자칫 헛걸음을 하게 될 수도 있기 때문이다.

이렇게 예약 후 체험관에 방문한 고객은 일단 우리 직원이 내미는 설문지를 먼저 작성해야 한다. 구매를 원하는 매트리스 및 체험 방식에 관한 고객의 의사를 묻는 설문지다. 이 역시 타 브랜드 매장에서는 볼 수 없는 광경이다. 이 설문지의 첫머리에는 "고객님께 딱 맞는 매트리스를 추천해 드리기 위한 설문지입니다. 푹 주무시게 도와드릴게요."라고 적혀 있다.

질문의 내용은 ①매트리스를 구매하려는 이유와 구매하고자 하는 사이즈, ②평소 수면 자세, ③척추 및 경추의 통증 여부, ④기존 사용 매트리스의 종류와 경도, ⑤구매하고자 하는 매트리스의 경도, ⑥구매 예산, ⑦배송 희망 시기 등으로 매우 상세하다. 이렇게 자세한 사전 질문을 하는 이유는 설문지 서두에 밝혔다시피 우리 직원이 고객의 상황과 성향을 보다 정밀하게 파악하고 가장 적합한 매트리스를 제안할 수 있도록 하기 위해서다. 상담 중 고객이 따로 말하지 않아도 사전에 밝힌 내용에 따라 맞춤형 서비스를 진행할 수 있다는 장점이 있다. 이에 대한 고객들의 반응 역시 상당히 좋다. 말로 하다 보면 놓칠 수 있는 부분까지도 상세하게 의사소통을 할 수 있기 때문이다.

매트리스 관련 내용뿐 아니라 선호하는 설명과 응대의 방식도 설문지를 통해 밝힐 수 있도록 했다. 이에 고객은 적정한 설명, 설명 후 자유체험, 궁금증 질문 시 답변, 혼자 둘러보다 문의 시 응대 등 여러 예시 중에서 원하는 방식을 택할 수 있다. 이렇게까지 하는 이유는 예전과 달리 요즘에는 판매원의 설명 없이 혼자 둘러보는 방식을 훨씬 더 선호하기 때문이다. 예를 들어 고객이 '궁금증 질문 시 답변'을 체크했을 경우 우리 직원은 고객이 편하게 둘러볼 수 있도록 멀찍이 떨어져 있되, 언제라도 궁금한 점에 답변할 수 있도록 고객을 예의주시한다. 이처럼 고객이 직접 응대 방식을 선택할 수 있도록 한 뒤로 체험관을 찾는 고객은 한층 더 많아졌다.

우리 체험관의 이런 예약, 설문 방식은 다른 곳에서는 흔히 볼 수 없는 시스템으로, 고객 한 분 한 분에게 최선을 다하고자 하는 의지가 담겨있다고 볼 수 있다. 고객들 역시 사전에 예약하고 설문에 응답함으로써 한층 체계적인 응대를 받을 수 있다는 점에서 크게 만족하고 있다.

그런데 이렇게 방문 고객을 응대하는 과정에서 중요하게 지키는 지침이 또 하나 있다. 이것은 온라인몰에서도 마찬가지인데, 우리 회사의 스토리를 고객에게 꼭 알려드리는 것이다. 납품기업이었던 우리가 왜 고객과 직접 만나게 됐는지, 처음에 어떻게 시작했는지 그리고 '브랜드리스(BRAND·less)'가 왜 BRAND 플러스 less인지 등의 이야기 말이다. 이런 우리의 지난 스토리와 오랜 업력을 따로 설명하지 않으면 우리의 프리미엄 매트리스에 대해 의구심을 갖는 고객이 있을 수도 있기 때문이다. 그리고 이렇게 쌓은 신뢰를 통해 더 많은 고객들의 선택을 받을 수 있었다.

한편 브랜드리스 체험관에는 직원들이 고객응대와 관련해 반드시 지켜야 할 몇 가지 원칙이 있다. 그중 가장 첫 번째는 고객에 대해 감사한 마음을 갖는 것이다. 뒤에 자세히 설명하겠지만 고객이 있기에 우리 회사가 있다는 것을 항상 잊지 않으며 감사한 마음을 갖는 것이 중요하다. 두 번째는 그런 고마운 고객이 만족할 수 있도록 최선의 서비스를 다하는 것이다. 브랜드리스 체험관에는 판매 목표실적이 아예 없다. 그 대신 방문 고객에게 친절하고 상세한 설명을 제공하는 것이 직원의 유일한 책무다. 우리 체험관에서는 설령 하루에 매트리스를 10개 팔았더라도 고객 이 불친절의 경험을 갖고 떠나게 했다면 결코 유능한 직원이라고 할 수 없다.

앞에서도 이야기했듯 전국 41개 체험관을 모두 직영으로 운영하고 있기에 이와 같은 운영 시스템은 어느 곳이나 다 동

일하다. 그리고 이런 진심 어린 고객 서비스가 있기에 브랜드
리스에 대한 고객의 신뢰도 나날이 커져가고 있는 것이라 믿
는다.

100일 체험, 10년 보증

덩치가 크고 가격도 만만치 않은 가구를 집에 새로 들일 때는 누구라도 품질에 대한 고민이 많을 것이다. 한 번 사면 마음에 들던, 들지 않던 오랜 기간 써야 하기 때문이다. 단순히 디자인의 문제라면 그래도 괜찮다. 매트리스와 같은 기능성 가구는 만에 하나 불편하거나 짧은 사용기간에도 기능적 손상이 생겼다면 실로 당황할 수밖에 없다. 하지만 브랜드리스 고객은 이런 점에서 자유롭다.

"매트리스가 불편하시면 설치 후 100일 이내에 교환과 반품이 가능합니다."

"상단 매트리스에 탑재되는 바디스프링을 10년간 보증해 드립니다."

이것은 우리 회사만의 특별한 사후관리 서비스들이다. 판매도 중요하지만 그에 못지않게 중요한 것은 사후관리라고 할 수 있다. 특히 예민한 부분은 반품 & 교환 그리고 보증 서비스다. 이와 관련해 누가 들어도 놀랄 수밖에 없는 브랜드리스의 정책 두 가지가 있다. 그중 첫 번째는 '100일 체험 서비스'이고, 두 번째는 '10년 스프링 품질보증제도'다.

이중 '100일 체험 서비스'는 구매 후 받아 본 매트리스가 생각과 달라 불편할 경우 고객의 요청에 따라 다른 제품 또는 다른 경도로 교환해 주거나 반품해 주는 서비스다. 구매 설치 후 100일 이내라면 언제라도 1회 가능하다. 단 배송비는 고객 부담이다. 이 단서를 단 이유는 완전히 무료일 경우에 간혹 제도가 악용될 소지가 있기 때문이다.

우리가 이런 서비스 정책을 만든 이유는 매트리스는 경도의 중요성이 생각보다 매우 크기 때문이다. 사실 침대를 구입했을 때 내가 생각했던 단단함의 정도와 받아 본 제품의 단단함 정도가 일치하는지 여부는 무엇보다 중요하다. 브랜드리스가 매트리스 체험관을 운영하며 고객들에게 "충분히 체험한 후 선택하세요."라고 강조하는 것도 이 때문이다. 그런데 이렇게 상세한 상담과 충분한 체험을 통해 선택한 제품임에도 간혹 '틀린 선택'을 하는 경우가 생긴다. 그런데 또 엄밀하게 말하면 '틀린 선택'이라고 말하기도 어렵다. 편안함에 대한 느낌이라는 것은 매우 주관적인 요소여서, 체험관에서 누워봤을 때는 분명히 편안했는데 집에 가져다 누웠더니 편안하지 않다고 이야기하는 고객들이 더러 있다. 제품에 아무런 문제가 없는데도 이런 이유로 고객이 불편을 호소할 경우에는 우리로서도 난감하다. 그러나 우리보다 더 속상하고 아쉬울 고객의 심정을 알기에 내놓은 정책이 바로 이것이다.

그러나 말이 쉽지, 이미 석 달이나 사용한 제품을 교환하거나 반품해 준다는 것은 회사 입장에서도 결코 쉬운 일은 아니다. 이런 정책을 시행하는 매트리스 브랜드도 거의 없다. 때문에 이 서비스를 시작하기로 했을 때는 우리로서도 큰 모험이었지만 주변에서도 적잖은 걱정을 내비쳤다. 그럼에도 끝까지 추진한 이유는 단 하나다. 우리 제품에 대한 품질 자부심이 매우 크기 때문이다. 브랜드리스의 프리미엄 매트리스를 가정에서 경험했을 때, 제품 하자가 아니고서는 다시 돌려주고자 하는 고객이 결코 많지 않을 것이라고 확신했다. 그리고 그 확신대로 교환 & 반품의 비율은 현재 매우 낮다. 거의 1%도 되지 않는 수준이다.

그런데 이 교환 & 반품서비스는 이를 뒷받침하는 우리만의 시스템이 있어서 가능했다. 교환의 경우는 경도와 관련된 문제가 가장 많은데, 브랜드리스에는 경도 조절이 가능한 토퍼가 있어 이 부분의 해결이 어렵지 않다. 그리고 반품은 상당히 아쉬운 일이기는 하나 고객의 만족을 위해서는 어쩔 수 없는 부분이므로 고객님이 원하는 대로 반품을 진행한다.

이때 반품 받은 제품은 한국장애인복지시설협회와의 협약을 통해 장애인시설에 기부하고 있는데, 2015년에 시작해 10년째 이어오고 있다. 매트리스 회사가 장애인 시설에 이처럼 오랜 기간 꾸준하게 지원해 온 사례는 업계에서 이례적이라는 평가를 받고 있다. 이외에도 해외 소외계층, 지역 독거노인, 중앙보훈병원 등에 매트리스를 지원하는 기부활동을 계속하고 있다.

한편 '10년 스프링 품질보증제도' 역시 우리 회사가 30년이 넘는 오랜 시간 동안 매트리스를 제조 생산해 왔기에 가능한 사후 서비스라고 할 수 있다.

품질보증이 가능한 기간은 제품마다 다르다. 어떤 사양의 제품은 보증기간을 1년으로 설정할 수밖에 없고, 또 어떤 사양의 제품은 보증기간을 10년이나 제공할 수 있다. 이것은 결국 개발과 제조 단계부터 갈리는 내용이라고 할 수 있다. 즉, 고품질의 자재를 사용해 꼼꼼히 만들면 10년 동안 사용해도 쉽게 손상되지 않는다. 그러므로 생산판매자 입장에서도 10년 보증이 가능해진다. 반면 값싼 저품질 소재를 사용해 대충 만들면 1년도 버티기 어렵다. 이런 제품에 대해서는 1년 이상의 품질보증을 절대 할 수 없다. 그랬다가는 판매했던 모든 제품에 대해 AS만 해주다 끝날지도 모른다. 결국 10년 품질보증제도를 시행할 수 있는 것 역시 제조사의 자부심이라고 할 수 있다.

매트리스 구매 과정에서 대부분의 소비자가 갖는 가장 큰 걱정은 '얼마 지나지 않아 스프링이 꺼지고 물렁물렁해지는 것은 아닐까?'이다. 물론 그런 걱정이 기우는 아니다. 이미 많은 이들이 그와 같은 매트리스에 대한 경험이 한두 번씩은 있기 때문이다. 그러나 브랜드리스는 개발단계부터 모든 제품에 심재부 10년 품질보증을 적용할 수 있도록 매트리스를 설계했다. 이는 다시 말해 10년간 사용해도 쉽게 꺼지지 않고 짱짱한 심재부를 만든다는 것이다.

이처럼 '100일 체험 서비스'와 '10년 스프링 품질보증제도'에는 우리의 두 가지 신념이 담겨 있다. 바로 가장 높은 품질의 매트리스를 만들겠다는 것과 고객만족을 위해 최선을 다하겠다는 것이다. 그런데 놀라운 일은 교환과 반품, AS를 줄이기 위한 방법을 연구하다 보니 제품이 나날이 업그레이드되는 결과를 얻게 됐다는 것이다. 우리가 손해 볼 수도 있는 AS 정책을 추진했더니, 손실을 줄이기 위한 노력이 극대화되고 그것이 결국 제품의 개선과 발전으로 이어졌다. 고객을 위한 진심이 또 하나의 선순환으로 작용한 대목이라 할 수 있다.

배송이 편안해야
잠자리도 편하다

매트리스와 침대처럼 부피가 크고 무거운 가구의 배송은 결코 쉬운 업무가 아니다. 가구의 배송 과정에서 생기는 클레임이 상당수인 것은 그 때문. 브랜드리스는 배송도 고객의 편안한 잠자리를 돕는 일 중 하나라고 생각하기에 배송시스템에도 절대 소홀할 수 없다.

브랜드리스 배송의 가장 큰 특징이자 장점은 '2인 배송시스템'이라고 할 수 있다. 이를 장점으로 내세우는 이유는 국내 침대 매트리스 기업 가운데 대기업 몇 곳을 제외하고는 2인 배송 시스템을 채택하는 기업을 쉽게 찾아볼 수 없기 때문이다. 대기업 외 중소기업 가운데 업계에서 나름 인지도가 높은 기업들조차도 대부분 1인 배송체제를 운영하고 있다. 그 이유는 당연히 '비용'에 있다. 회사 입장에서는 한 명이 해도 어느 정도 가능한 업무에 두 명을 투입하는 것에 적극적이기 어렵다. 비용이 두 배가 되기 때문이다. 특히 우리처럼 가성비 높은 가격을 고수하는 기업은 비용 절감에 예민할 수밖에 없다.

그럼에도 브랜드리스가 처음부터 지금까지 2인 배송시스템을 운영하는 이유는 고객의 마음을 먼저 헤아리고자 했기 때문이다. 부피가 크고 무거운 가구를 배송받을 때 기사 한 명이 어렵사리 운반하는 모습을 보며 불편하고 불안한 마음을 가졌던 경험이 누구나 한 번쯤은 있을 것이다. 운반 중 가구가 상한다거나 바닥 또는 벽에 손상이 생길까 노심초사하는 것은 당연지사. 그러다 보면 자연스럽게 손을 거들게 되고, 무거운 물건을 생각지 못하게 갑자기 들다 보면 더러는 크고 작은 부상을 입기도 한다. 우왕좌왕하며 설치가 완료되고 기사가 돌아간 뒤에는 뭔가 모를 찜찜한 기분이 들기도 한다. '비싼 돈 주고 구입했는데 왜 내가 이렇게 힘들지?' 하는 아쉬운 마음에 제품에 대한 만족도마저 크게 낮아진다. 타 가구 브랜드의 고객 게시판에서 배송기사가 노약자나 임산부에게까지 도움을 청해 불편한 상황이 연출됐다는 후기도 간혹 볼 수 있는데, 이런 불만이 결국 제품과 기업에 대한 신뢰를 떨어뜨리게 되는 것은 당연한 현실이다.

브랜드리스의 2인 배송은 이와 같은 불편 요소를 미연에 방지한다. 우리 배송팀이 고객의 집에 방문했을 때, 한 명이 아닌 두 명의 기사를 보면 고객의 얼굴에는 화색이 돈다. 덩치 큰 침대와 매트리스를 사고 없이 안전하고 깔끔하게 설치할 수 있겠다는 안도감이 고객의 얼굴에 바로 드러나는 것이다. 이는 다니던 회사를 그만두고 부친의 공장에 처음 입사했을 때 가장 먼저 맡은 일 중의 하나가 배송업무였기에 당시에 현장에서 직접 느꼈던 부분이다.

브랜드리스 배송의 또 다른 특징은 엘리베이터가 있는 경우에 사다리차가 따로 필요 없다는 점이다. 최근 매트리스가 더 커지는 추세로 가면서 킹사이즈는 물론 라지킹사이즈를 선택하는 고객이 늘고 있다. 이렇게 큰 사이즈의 매트리스를 고층까지 운반할 때는 엘리베이터 탑승이 불가한 경우가 많아 사다리차를 따로 불러야만 한다. 이때 비용은 거의 고객 부담으로 책정된다. 이 비용도 만만치 않다 보니 배송과정에서 서로 얼굴 붉히는 일도 적지 않다. 그런데 우리 라지킹 사이즈 매트리스는 바디 부분이 2개의 매트리스로 분리되어 있어 웬만하면 기존 엘리베이터로 운반이 가능하다. 수면 중 옆 사람의 방해를 최대한 받지 않도록 하기 위해 고안한 2개의 바디 매트리스 형태가 배송에서도 또 다른 진가를 발휘하고 있는 것. 고객 입장에서는 추가 비용이 발생하지 않아 좋고, 사용 시에도 독립적으로 잠들 수 있어 좋으니 일석이조가 아닐 수 없다.

고객 입장에서 볼 때 우리 회사 배송의 단점이자 최대 장점으로 꼽을 수 있는 특징이 하나 더 있다. 브랜드리스 매트리스는 주문계약 후 배송까지의 기간이 1~3주 정도로 다소 긴 편이다. 그렇다고 지나치게 오래 걸리는 것은 아니지만 당장 내일이나 모레 배송이 이루어지기는 어려운 시스템이다. 이것은 일견 단점으로 느껴질 수 있다. 때문에 배송일을 정하고 설명하는 과정에서 "그렇게 오래 기다려야 하나요?"라고 질문하는 고객이 적지 않다. 하지만 시간이 오래 걸리는 이유에 대한 설명을 듣고 나면 누구나 고개를 끄덕이며 수긍한다. 그 이유는 바로 우리 매트리스는 철저히 주문제작을 한다는 데 있다.

많은 매트리스 회사들이 창고에 수많은 완제품을 쌓아두고 주문이 들어오면 그중에서 골라 배송에 들어간다. 그러다 보면 생산한 지 2~3년, 심지어는 5년 이상 된 제품을 고객에게 보내는 경우도 있다. 이 경우 고객만족도는 떨어질 수밖에 없다. 하지만 브랜드리스는 가장 기본적인 상태의 반제품으로 준비해 두고 고객의 주문이 들어오면 그때 비로소 완제품 제작에 들어간다. 갓 만든 음식이 가장 맛있듯 갓 제작한 매트리스가 가장 최상의 잠자리로 기능할 수 있다. 그러니 고객 입장에서는 주문 제작을 위해 배송이 늦어지는 것이 오히려 가장 큰 장점이 아닐까 싶다.

　마지막으로 어떤 상황에서도 고객과 약속한 납기일을 맞추고자 하는 것은 배송에서 가장 기본 중의 기본이다. "최상의 잠자리를 가장 합리적인 가격으로 '고객이 원하는 시간에' 제공한다."는 것이 우리 회사의 목표인 것은 앞에서도 여러 번 이야기한 바 있다. 주문 제작 일정에 맞춰 고객이 원하는 납기일이 정해졌다면, 이 일정을 지키고자 최선의 노력을 다한다. 아무리 좋은 매트리스라도 불편한 방식과 과정으로 고객에게 배송된다면 그것은 결코 편안한 잠자리가 될 수 없기 때문이다. 물론 우리도 아직 부족한 점이 많다. 배송이 워낙 만족도를 높이기 어려운 파트이기에 더욱 그렇다. 하지만 지금 아쉬운 부분에 대해서도 언젠가는 모두가 만족할 수 있도록 최선을 다해 개선해 나갈 것이다.

[리차지], [녹턴], [모피어스] 그리고 [이켈로스]

브랜드리스의 매트리스 모델은 총 4가지로, 제일 처음 나온 [리차지], 한 단계 업그레이드 된 [녹턴], 가장 대표적인 모델 [모피어스] 그리고 7년간 준비 끝에 나온 신제품 [이켈로스]다. 오랜 연구 결과를 담고 있는 4가지 모델에 대해 자세히 알아본다.

[편집부]

리차지 스파이널 코일, 하이퍼 유로탑이 지원하는 '재충전'의
시간

[리차지]는 브랜드리스의 4가지 주요 모델 가운데 가장 먼저 출시된 모델이다. '리차지'라는 모델명에서도 알 수 있듯 일상에 지친 이들에게 편안한 휴식과 재충전의 시간을 선물하겠다는 의미를 담아 개발한 매트리스다. 허리 부분이 단단한 스파이널 코일, 체압 분산 효과가 뛰어난 하이퍼 유로탑, 자연친화적인 텐셀 원단이 주된 특징이다. 신혼부부도 많이 쓰지만 가성비 좋은 프리미엄 매트리스를 사용하고자 하는 자취생, 어린 자녀용으로 인기가 높다.

[리차지]의 여러 특장점 중 가장 눈에 띄는 첫 번째는 1천250개의 스파이널 코일이 허리 부분을 이중으로 지지한다는 점이다. 이로 인해 허리 부분이 탄탄하고 내구성이 좋다. 유명 브랜드의 수백만 원짜리 매트리스에도 일반적으로 800여 개의 코일이 들어가는 데 반해 그보다 훨씬 낮은 가격임에도 무려 1천250개의 코일을 포함하고 있는 것. 이것만으로도 가성비가 높지만 브랜드리스는 여기에 더해 10년의 보증기간을 제공하고 있다. 두 번째 특징은 두툼한 하이퍼 유로탑이다. 유럽형 토퍼가 상당히 두껍게 깔려 있어 체압을 분산시키고 충격

을 흡수, 지지해 준다.

마지막으로 [리차지]는 자연친화적인 텐셀 원단을 사용하고 있어 장기간 새것 같은 사용감을 느낄 수 있다. 텐셀은 코알라가 좋아하는 유칼립투스 나무에서 추출한 무해한 원료로 만든 원단으로, 오밀조밀한 구조로 되어있어 내구성이 좋고 오랜 기간 사용해도 쉽게 낡거나 해지지 않는다.

녹턴 분리형 유로탑, 2천410개 이중코일로 그려낸 '야상곡'

[녹턴]은 브랜드리스가 [리차지]에 이어 한 단계 업그레이드해 내놓은 본격 프리미엄 매트리스다. '녹턴'은 조용한 밤의 분위기를 나타낸 서정적인 피아노곡, 즉 야상곡을 일컫는다. '밤'에서 영감을 받은 쇼팽의 야상곡 '녹턴'이 브랜드리스 새 모델의 모티브가 됐다.

[녹턴]이 [리차지]와 가장 크게 다른 점은 분리형 유로탑이다. 기존의 하이퍼 유로탑이 매트리스와 일체형이었다면 이 제품의 토퍼는 고객이 원하는 바에 따라 분리가 가능하다. 매트리스를 오래 써서 새것으로 바꾸고 싶을 때, 이 토퍼 부분만 교체하더라도 마치 새 매트리스처럼 사용할 수 있다. 또 토퍼만 분리해 게스트용이나 자녀용으로 활용할 수 있다. 타 브랜

드의 토퍼 분리형 매트리스가 천만 원 전후임을 감안하면 [녹턴]은 매우 가성비 높은 선택이 될 수 있다.

[녹턴]의 또 다른 특징은 2천410개에 달하는 스파이널 코일과 마이크로 코일이 매트리스를 이중으로 지지하고 있다는 점이다. 2천410개라는 코일 숫자는 타 브랜드 일반 매트리스가 대략 800여 개인 것에 비해 세 배가 넘는 양이다. 또한 코일이 허리 부분을 위아래에서 이중으로 지지하고 있어 다른 매트리스에 비해 매우 탄탄한 느낌을 받을 수 있다. 그렇기에 오래 사용해도 쉽게 꺼지지 않는다. 브랜드리스는 이 이중코일에 대해 특허를 출원하고 10년 보증을 진행함으로써 고객들이 안심하고 매트리스를 구매할 수 있도록 돕고 있다.

[녹턴]이 이전 모델과 다른 점 중 또 하나는 고밀도폼이 많이 포함됐다는 점이다. 메모리폼을 적게 넣은 대신 고밀도폼을 주되게 사용해 탄성이 높은 착와감을 실현했다. [녹턴]의 이런 특성은 탄탄한 매트리스를 좋아하는 신혼부부들에게 인기가 높다.

모피어스 말총패드, 점탄성 높은 폼레이어 탑재된 '꿈의 신'

[모피어스]는 브랜드리스가 [리차지], [녹턴]에 이어 세 번

째로 출시한 제품이다. '모피어스'는 영화 〈매트릭스〉의 캐릭터로 익숙한 이름이지만, 실은 그리스 로마 신화 속 '꿈의 신'의 이름이다. 고객이 브랜드리스의 매트리스에서 편안히 숙면하며 꿈의 신 '모피어스'를 만났으면 하는 바람을 제품 이름에 담고 있다.

[모피어스]의 주된 특징 역시 세 가지로 요약할 수 있다. 첫째는 천연 소재 중 통기성이 가장 우수한 '말총패드'를 탑재하고 있다는 점이다. 고대 그리스의 철학자들이 말총과 양모 등을 엮어 침구로 사용했다는 문헌이 남아있을 정도로 '말총'은 침대의 기원을 이야기할 때 빼놓을 수 없는 소재다. 2~3천 년의 역사를 가진 소재인 만큼 안전성은 충분히 검증됐다고 볼수 있다. 또 우리 조상들 중 양반, 귀족들도 말총으로 만든 갓을 머리에 썼던 만큼 말총은 귀한 천연 소재라고 할 수 있다. 현대에 와서도 시중의 유명 브랜드들이 매트리스에 사용하고 있는데 이 경우 수천만 원을 호가한다. 말총소재의 특징은 뛰어난 통기성이다. 다른 소재에 비해 공기 순환이 매우 잘되기 때문에 여름에는 시원하고 겨울에는 따뜻하다. 또 매트리스에서 발생할 수 있는 냄새나 곰팡이 등을 억제시킨다. 이런 특징들로 인해 말총은 천연 에어컨으로 불리기도 한다. 브랜드리

스는 이런 말총소재를 [모피어스]에 탑재함으로써 안전하고 청결한 잠자리를 구현하고자 했다.

둘째는 [녹턴]과 마찬가지로 2천410개에 달하는 스파이널 코일과 마이크로 코일이 매트리스를 이중으로 지지하고 있다는 점이다. 특히 [모피어스]에 사용하고 있는 코일은 강선 자체도 상당히 두꺼워 다른 매트리스에 비해 특별히 더 탄탄한 느낌을 받을 수 있다. [모피어스]의 경우 저가는 아니지만, 이 정도 분량의 코일을 포함하는 매트리스를 타 브랜드에서는 그 몇 배에 달하는 가격으로 판매하고 있다는 점을 감안하면 매우 가성비 높은 선택이 될 수 있다.

세 번째 특징은 밀도 높은 폼레이어다. [모피어스]는 이전 모델들보다 두꺼운 메모리폼을 사용하고 있어 한층 포근한 느낌을 준다. 특히 [모피어스 소프트]는 '점탄성'이 더 높다. '점탄성'이란 점성과 탄성을 말하는 것으로, 매트리스의 경우에 눌렀다 떼었을 때 원상 복귀하는 시간이 오래 걸리는 성질을 뜻한다. 이런 고밀도의 폼레이어는 더 안락하고 포근한 매트리스를 선호하는 고객에게 안성맞춤이라 할 수 있다.

이켈로스 알파카울, 맥스파인 테크놀로지로 실현한 프리미엄의 완성도

[이켈로스]는 브랜드리스가 7년 만에 출시한 신제품이다. 오랜 기간 연구 개발한 제품인 만큼 현재까지 가장 완성도 높은 매트리스라고 할 수 있다. '이켈로스' 역시 '꿈의 신'으로, 그리스로마신화에 '모피어스'의 형제로 등장하는 신이다. 고객에게 한 단계 더 업그레이드된 편안한 잠자리를 제공하겠다는 의미를 모델명에 담고 있다.

[이켈로스]는 총 7가지의 특장점을 내세울 수 있다.

첫째, '신들의 섬유'라 불리는 알파카 울을 탑재하고 있다. 알파카 울은 현존하는 매트리스 내장재 중 가히 최상급 소재라 할 수 있다. 이는 명품 매트리스 브랜드에서 7천만 원대 이상의 가격에 팔리고 있는 제품들에 알파카 울이 포함된 것만 봐도 알 수 있는 사실. 알파카 울은 질감이 매우 섬세하고 습도조절 능력도 뛰어나 쾌적하고 포근한 수면 환경을 만들어준다. 둘째, [모피어스]에서 사용된 말총패드를 그대로 채택해 탁월한 통기성을 지니고 있다. 이러한 통기성은 청결과 온도조절 등에 도움을 준다. 셋째, 브랜드리스가 국제 특허를 출원한 맥스파인 테크놀로지를 차용해 한층 더 짱짱한 힘과 내구성을 자랑한다. 맥스파인 테크놀로지란 스프링의 인장강도를 높이기 위해 각각의 유닛을 서로 연결한 공법을 말한다. 예를 들어 여러 개의 나뭇가지를 모아들고 그대로 부러뜨리면 쉽게 부러지지만 이들을 꽁꽁 묶어 하나로 만들면 힘을 가해도 쉽게 부러지지 않는다. 이러한 공법으로 제작한 [이켈로스]는 이전 모델들과 비교해서도 허리 부분의 지지력이 한층 더 높고 내구성이 강하다.

넷째, [이켈로스]를 구매한 고객은 기존 10년에서 5년이 더 늘어난 15년 보증을 받을 수 있다. 실제로 매트리스의 심재부분이 꺼져서 못쓰게 되는 경우는 거의 없지만 이마저도 만일의 상황을 불안해하는 고객들을 위해 제공하고 있는 서비스라고 할 수 있다. 다섯째, 더블 유로탑 공법을 채택하고 있다. [이켈로스]는 분리형 유로탑에 더해 매트리스 본체 부분까지도 유로탑으로 되어있어 총 2개의 유로탑을 포함하고 있다. 때문에 게스트용으로 최상단의 유로탑을 분리해 쓰더라도 기본 매트리스에 토퍼가 있어 안락한 잠자리를 지속할 수 있다.

여섯째, 청소 살균 등의 토털 케어서비스를 제공받을 수 있다. 최근 매트리스의 청결과 안심케어에 대한 소비자의 관심이 높아진 만큼 이에 대한 요구도 많아진 상황. [이켈로스]는 이와 관련해 1회의 무상케어와 이후 할인된 가격의 유상케어를 제공하고 있다. 일곱째, 초저상형 옵션이 있어 선택지가 다양하다. 기존 [녹턴]과 [모피어스]의 경우 저상형 옵션까지 제공하고 있지만 이보다 더 낮은 높이의 매트리스에 대한 요구도 적지 않았다. [이켈로스]의 초저상형 옵션은 안정감 있는 프리미엄 매트리스를 원하는 고객의 필요를 충족시켜 줄 수 있다.

4장

목표는
오직
'고객만족 극대화'

고객이 없으면
회의를 왜 할까요?

"만약 고객님이 안 계시다면, 우리가 이 회의를 할 필요가 있을까요?"

매일 아침 진행하는 임직원 화상회의에서 직원들에게 던지는 질문 중 하나다.

"지금 우리는 판매 행위를 왜 하고 있을까요?", "더 좋은 매트리스를 왜 만들까요?", "고객이 없으면 오늘 출근할 필요가 있었을까요?" 이렇듯 여러 가지 변형된 형태의 질문들이 있지만, 그 주제는 오직 하나다. 브랜드리스와 브랜드리스 전 직원의 존재 이유는 다름 아닌 '고객'이라는 것. 우리 매트리스를 구입하는 고객이 있기에 회사가 존재하고, 그 결과 회사가 직원들을 고용했으며, 대표인 나 역시도 고객이 있기에 이 자리에 있다. 반대로 고객이 없으면 이 모든 기획과 생산, 판매와 서비스는 모두 불필요하다. 아예 존재가치가 없다.

매일 현장에서 고객과 만나는 직원 중 누군가는 고개를 갸

우뚱할지도 모른다. '문만 열면 오시는 고객님이 왜 없다는 거지?', '오늘은 한가해도 주말인 내일은 바쁠 텐데 뭘!'

하지만 몇 달이고 고객이 찾아주지 않는 상황을 겪어본 사람은 알 것이다. 기껏 만들어 놓은 상품이 아무 쓸모도 없는 쓰레기가 될지도 모른다는 괴로움을. 그리고 어렵게 취직한 일자리를 놓치거나 힘들게 시작한 사업을 접어야 할지도 모른다는 가슴 떨리는 불안감을!

브랜드리스 초창기 시절, 강남의 10평 남짓 오피스텔에 매트리스 체험시설을 만들고 첫 판매를 시작했던 때를 지금도 잊지 못한다. 비록 공간은 작고 초라했지만, 나는 브랜드리스 매트리스를 궁금해하는 이들에게 우리 제품의 특장점을 낱낱이 설명해 드릴 만반의 준비를 했다. '지금 저 문을 열고 고객님이 들어오시면, 가장 먼저 깨끗한 슬리퍼를 내어드린 후 우리 회사에 대해 상세히 알려드리자. 그리고 우리 매트리스만의 특별한 스프링과 프리미엄 소재에 대해 최대한 고객님이 이해하기 쉽도록 잘 설명해야지!' 마음속으로 수십, 수백 번 다짐하곤 했다. 그리고 고객이 체험관에 방문해 주기만 한다면, 매트리스에 한 번 누워보기만 한다면, 바로 매출로 이어질 수밖에 없을 거라고 자신했다. 그만큼 품질에 대한 자부심이 컸던 것도 사실이다.

하지만 그 당시 기다림의 시간은 생각보다 길어졌고, 하루하루가 가시방석이었다. 물론 각고의 노력 끝에 이제는 많은 고객들이 브랜드리스를 찾아주고 있지만, 고객의 관심을 얻고 그 선택을 받기까지의 마음고생은 이루 말할 수 없었다.

이 경험을 통해 뼛속 깊이 깨우친 것이 있었으니, 바로 '고객의 중요성'이다. 대단한 노력을 기울여 최고의 상품을 생산했고, 그렇기에 생산자의 품질 자부심이 더없이 크다 한들 해당 상품을 소비자가 선택해 주지 않는다면 그것은 허울뿐인 자부심이다. 소비자의 인정과 선택이 없다면 상품은 무용지물이 되고 만다. 그러니 모든 상품과 기업은 소비자를 위해 존재한다고 해도 결코 지나친 말이 아니다. 브랜드리스 역시 예외일 수 없을 것이다.

많은 기업들이 고객서비스와 관련한 자신들만의 철학을 보유하고 있다. 브랜드리스의 고객서비스 철학은 바로 이것이다. '고객은 회사의 존재 이유'라는 것.

고객이 없다고 가정해 보자. 아무리 좋은 매트리스를 생산하고 그럴듯한 체험관을 마련해 둔다 한들 무슨 의미가 있겠는가. 지갑을 열어 상품을 구매해 주는 고객이 없는데 침대를 왜 연구하고 생산하며 또 어떻게 판매하겠는가. 그러니 단적으로 말해 나를 포함한 우리 회사 전 직원이 오늘 출근한 공장, 사무실, 체험관 역시도 고객이 없으면 존재할 이유가 없는 것이다.

하지만 반대로 오늘 하나의 매트리스를 구매한 고객이 있다면 그 고객 덕분에 우리는 내일 또 다른 매트리스를 생산해 낼수가 있다. 공장이 돌아가고, 체험관 문이 열리며, 직원들의 급여가 마련된다. 이 선순환이 반복될수록 회사는 더 크게 성장하고, 구성원 개개인도 각자의 자리에서 성장한다. 이는 오로지 고객이 우리 매트리스를 선택해 줬기에 가능한 일일 것이다.

단언컨대 브랜드리스의 존재 이유는 사장도, 직원도, 침대도 아닌 오직 고객이다. 모든 것은 고객으로부터 시작되며, 고객이 있어 브랜드리스가 있다. 브랜드리스의 전 구성원이 언제나 고객에게 감사의 마음을 갖고, 아침 출근부터 저녁 퇴근까지 오직 '고객만족'만 생각하는 것은 바로 이 이유다.

매출 목표는 없어도 된다! 고객이 만족한다면

브랜드리스에 입사한 신입 판매 직원이라면 누구나 처음에 갖는 의문이 하나 있다. 바로 매출실적에 대한 압박이 전혀 없다는 점이다. 회사는 여기서 더 나아가 매출 목표가 없어도 상관없다고 이야기한다. 이쯤 되면 누구라도 놀랄 수밖에 없다.

"정말 매출 목표가 없습니까?"

직원들의 이 의구심 어린 질문에 대해 나의 대답은 한결같다.

"네, 우리 회사는 매출에 대한 목표가 따로 없습니다. 하지만 그 대신에 고객님이 '만족'하실 때까지 진심으로 최선을 다하세요. 그거면 충분합니다."

"고객이 있기에 우리가 있다."는 명백한 진실 앞에서 우리 회사가 나아갈 가장 궁극적인 목표는 매우 분명하다. 바로 '고객만족 극대화'다. 고객만족을 최대로 끌어올리는 것이야말로 브랜드리스 전 임직원이 항상 숙지해야 할 공동의 목표라고 할 수 있다. 그리고 그 거대한 목표에 도달하고자 할 때 매출이나 실적은 그리 중요한 문제가 아니다.

알다시피 모든 기업은 '상품 및 서비스'를 소비자에게 제공하고 그 대가로 '수익'을 얻는다. 이 단순한 공식에 따라 기업의 모든 활동이 이루어진다. 소비자에게 상품과 서비스를 제공하지 못하면 기업의 수익도 없기 때문이다. 그러니 이 세상에 존재하는 모든 기업들이 매출에 민감한 것은 어쩌면 당연한 일일지도 모른다. 매일 아침 사무실의 눈에 가장 잘 띄는 곳에 일일 목표실적표를 게시하고, 월말이 되면 직원들의 성과와 판매실적을 점검하는 것도 이 때문일 터. 그러다 보면 점점 '숫자가 인격, 매출이 품격'이라는 낯선 구호에도 길들여지고 만다. 하지만 내 생각은 다르다.

예를 들어 판매 직원이 매출에 신경 쓰느라 판매에만 열의를 보이고, 추후 AS나 각종 문의에는 소홀하게 대처한다면 이것은 결과적으로 회사 매출에 도움이 되지 않을 것이다. 또 매출에 신경 쓰다 보면, 실적이 줄어든다는 이유로 환불 또는 교환을 절대 안 해주는 사례가 비일비재하게 생길 것이다. 이렇듯 판매 직원이 팔고 나면 그만이라는 식의 태도를 보이면 그어떤 고객도 주변에 해당 브랜드의 매트리스를 권유하지 않을 것이다. 심지어 누가 사겠다고 하면 "내가 사봐서 아는데…"라며 구매를 적극 말릴 수도 있다. 또 이런 일도 있을 수 있다. 비교적 저가의 가구를 구매하고자 매장을 방문한 고객이 직원에게 제품 설명을 요청했는데 직원이 이야기 도중 자리를 비우더니 수십 분간 나중에 온 고객만 응대하고 있는 것이다. 알고 보니 나중에 온 고객은 해당 매장의 가구 중 최고가의 제품을 구매했던 것. 이런 일을 겪은 고객은 매장을 나오며 불쾌한 기분을 떨칠 수 없을 것이다. 그 경우 온라인 게시판을 통해 항의를 할 수도 있고, 여러 커뮤니티에 이 안 좋은 경험을 소개할 수도 있다. 무엇보다 두 번 다시 해당 브랜드의 매장을 방문하는 일이 없을 확률이 높다.

이처럼 제품을 아무리 많이 팔았어도 구매 고객이 만족하지 않거나 방문 고객이 불쾌한 일을 겪는다면 더 이상의 새로운 판매는 이루어지기 어렵다. 결국 장기적으로는 회사에 결코 득이 되지 않는다. 하지만 반대로 매장을 방문한 고객이 판매 직원의 성실하고 진심 어린 응대를 받고 돌아간다면 오늘은 비록 구매를 결정하지 않았더라도 그 마음속에는 분명 "오길 잘했다!"는 만족감이 가득할 것이다. 그리고 이렇게 대만족한 고객이라면 틀림없이 언젠가는 그 회사의 제품을 다시 찾을 것이다.

고객만족에 대한 우리의 첫 번째 목표가 이처럼 고객이 서비스에 만족해 체험관에 "오길 잘했다!"고 생각하는 것이라면, 두 번째 목표는 고객이 품질에 만족해 브랜드리스 제품을 "사길 잘했다!"라고 생각하는 것이다. 이렇게 되기 위해서는 최상의 잠자리를, 합리적인 가격으로, 원하는 시간에 고객이 제공받을 수 있어야 한다. 이번에는 공장의 생산 직원들과 물류팀의 배송 직원들이 고객만족 극대화를 위해 나설 차례인 것이다.

아무리 브랜드리스만의 고품질 매트리스 사양이 정해져 있다 하더라도 생산 과정에서 실수나 오차가 발생하면 최종적으로 고객에게 제공되는 상품의 퀄리티가 낮아질 수밖에 없다. 이 경우, 큰 기대를 안고 구입한 고객 입장에서는 의외의 품질에 실망하고 불만족할 수밖에 없을 것이다. 또 구성원들이 예산을 효율적으로 사용하지 못하거나 비용 절감을 하지 못해 매트리스의 가격을 인상해야 하는 상황이 생긴다면 이 역시도 고객만족에 반하는 일이 될 것이다. 현재 우리가 제공하는 가성비는 고객만족요소의 큰 부분을 차지하고 있기 때문이다. 마지막으로 제품 납기일을 정확히 맞춰 고객이 원하는 시간에 제공하는 것 역시 고객만족과 관련해 매우 중요한 포인트라고 할 수 있다. 단 하나의 매트리스를 팔더라도 이 모든 일들에 최선을 다할 때 고객은 비로소 "사길 잘했다!"라고 생각해 줄 것이다.

숫자에만 집착하고 생산량과 판매량만 고민하다 보면 정작 우리에게 가장 중요한 '고객의 만족'은 뒷전이 된다. 또한 직원이 아무리 열심히 설명하고 판매를 위해 애쓴다 한들 애초에 제품 자체의 퀄리티가 높지 않으면 고객의 선택을 받을 수 없다. 만일 현장에서 최선을 다해도 판매실적이 저조하다면 그것은 좋은 제품을 기획하지 못한 사장의 책임이라고 할 수 있다. 회사가 직원들에게 '실적보다는 고객만족 극대화가 우선'이라고 당부하는 이유가 여기에 있다.

사실 브랜드리스가 회사의 수익을 후순위로 한 채 오직 '고객만족'을 염두에 두고 진행하는 일은 헤아릴 수 없이 많다. 이전에도 언급한 100일 반품교환제도, 10년 품질보증제도 등이 대표적인 예다. 예상치 못한 분쟁 상황들에서도 기준은 '고객만족' 단 하나였다. 물론 그 과정들이 힘들지 않았다면 거짓말일 것이다. 그럼에도 고객이 불만족할 요소들을 남김없이 제거하고자 혼신의 노력을 기울였다. 이러한 우리의 노력이 고객들이 보기에 매우 흡족했으며, 그 결과 오늘의 브랜드리스가 존재하는 것이라고 생각한다. 아직 부족한 점도 많지만

'고객만족 극대화'를 향한 브랜드리스의 여정은 앞으로도 계속될 것이다.

브랜드리스 고객님, 감사합니다!

"1989년쯤이었어요. 브랜드리스가 공장이던 때, 그곳에서 일하던 물류 배송 직원의 소개로 혼수 매트리스를 사기 위해 아내와 방문했었지요. 그때 당시 '골드 매트리스'라는 모델을 구매했었고, 그 후로 7~10년 간격으로 이사 때마다 공장에서 매트리스를 샀습니다. 품질이 워낙 좋았어요. 그런데 가격은 백화점에 비해 정말 저렴했지요."

우리 공장에는 단골 고객들이 많다. 그것도 그냥 단골이 아니다. 이분들은 무려 30년 동안 오직 우리 매트리스만 구매해 온 '찐 고객'들이다. 감사한 마음에 이런저런 사은품도 챙겨드리며 우리 매트리스를 믿고 선택하시는 이유를 물었다.

"늘 여기서 샀던 이유는 당연히 가격 대비 품질이지만, 10년 품질보증과 언제 어떤 이유로 전화해도 항상 친절하게 상담해 주시는 서비스도 선택의 이유였어요."

제품을 만들고 판매하는 입장에서 이보다 더 감사한 일이

어디 있으랴. 아무리 품질에 만족했더라도 무려 30년이라는 긴 시간 동안 한 회사의 제품만 사용한다는 것은 결코 흔한 일이 아니다. 이렇게 오랜 세월 우리 회사의 매트리스만 구매해 준 고객에게는 사실 어떤 감사의 인사도 부족하다. 품질에 대한 노력뿐 아니라 고객이 만족할 때까지 서비스를 멈추지 않겠다는 우리의 다짐까지도 알아봐 주니 이보다 더 고마울 수 있을까. 이 고객의 마지막 말에 나를 포함한 브랜드리스 구성원들은 모두 가슴이 벅차올랐다.

"얼마 전 우리 아들이 결혼할 때, 침대는 고민할 필요도 없었어요. 당연히 브랜드리스였지요. 아들 내외가 잘 쓰고 있는 걸 보면 이 아이들도 우리처럼 브랜드리스의 30년 단골이 될 것 같습니다."

30년 고객이 또 다른 30년 고객을 우리에게 만들어 준 것이다. 이런 고객들이 있기에 오늘의 브랜드리스가 있다고 생각한다. 우리가 항상 '고객에게 감사하는 마음'을 최우선 가치로 삼고 있는 것은 이 같은 이유 때문이다.

우리 매트리스를 구매해 준 고객, 브랜드리스 제품에 관심을 가지고 있는 고객, 또 언젠가 우리 제품을 사용할 고객 모두 우리에게는 더없이 감사한 고객이다. 하지만 그중에서도 가장 고마운 고객은 인지도 없었던 우리 매트리스를 구매해 줬던 고객들이다. 그리고 거기에 더해 주변의 가족, 지인들에게 우리 제품의 좋은 점을 알리기를 주저하지 않은 이런 고객들이 있기에 브랜드리스가 더 크게 성장할 수 있었다.

많은 기업들이 상품과 서비스를 한번 판매한 이후에는 기존 구매 고객에 대한 관심 정도를 낮추곤 한다. 특히 매트리스나 침대 프레임처럼 자주 구매할 필요가 없는 제품이라면 이런 경향이 더할 수밖에 없다. 하지만 브랜드리스에게는 가망고객보다 이미 매트리스를 구매한 기존 고객이 한층 더 중요하다. 이런 이유로 우리는 사은품 제공, 할인혜택 제공 등 다양한 이벤트 행사들에서 기존 구매 고객을 최우선으로 한다.

실제로 브랜드리스가 진행하는 사은행사들 가운데 가장 중점적으로 신경 쓰고 있는 것이 바로 기존 고객을 위한 사은품이다. 예를 들어 최근 내놓은 '슬리핑 키트'의 경우 최고급 방향제, 수면안대, 수면양말, 귀마개, 손거울, 파우치 등으로 구성해 기존 구매 고객을 대상으로 거의 원가 이하의 가격에 제공하고 있다. 모두 항공 퍼스트 클래스석에서 제공되는 수준으로 자체 개발한 수면용품들로, 오로지 브랜드리스 매트리스를 구매한 이력이 있는 고객들만 구입할 수 있도록 이벤트를 진행했다. 방향제 하나도 전문 조향사에게 의뢰해 고객의 수면에 가장 도움이 되는 향을 만들어 제공하고 있다는 점에서 의미가 깊다. 우리가 이렇게 하는 것은 물론 기존 고객이 좋은 입소문을 내줘 새로운 고객을 만들어주는 점도 있지만, 그보다 더 중요한 이유는 그저 이 고객이 우리 매트리스를 선택해 줬기 때문이다. 앞 장에서도 말했듯 고객의 구매가 있기에 우리가 매출을 올릴 수 있고, 그 수익을 기반으로 회사를 계속 운영할 수 있기 때문이다.

만약 기존 고객보다는 새로운 가망고객에게만 초점을 맞춰 회사 운영을 한다면 어떻게 될까? 이야기하기 쉽게 음식점이라고 하자. 이 음식점의 음식 맛이 좋았던 터라 점심시간에 손님들이 식당을 가득 채웠다. 그런데 어느 날인가부터 음식점 사장과 직원들이 식당 테이블에 앉아 있는 손님들을 기다리게 하고, 더 많은 손님을 모으기 위해 거리로 나가 호객행위를 한다. 판촉물을 나눠주고 첫 방문 손님에게 할인을 제공하겠다고 한다. 그런데 이렇게 되면 기존 손님들은 오랜 시간을 기다려 성의 없는 음식을 맛볼 수밖에 없게 된다. 이는 음식점 측이 이미 식당에 입장한 손님들을 '잡은 고기'라 생각하고 소중함을 알지 못했기에 때문에 일어나는 일이다. 이 경우 오늘 음식점을 찾았던 손님 가운데 내일 또 올 사람은 아마 한 명도 없을 것이다. 내 주머니에서 돈을 내고 찾아간 매장에서 맛없는 음식과 불쾌한 홀대를 받아 기분 좋을 사람은 없기 때문이다.

브랜드리스는 이런 점을 분명히 알고 있기에 우리 제품에 애정을 갖고 찾아와주는 고객, 브랜드리스 매트리스를 구입해 사용하고 있는 고객들에 대해 무한한 감사의 마음을 갖고 있다. 그리고 우리가 이런 고객에게 그 마음을 표현하는 방법은 무수히 많다. 몹시 더운 날 우리 체험관을 방문한 고객에게 시원한 물 한 잔을 권하는 것, 겨울에는 무거운 외투를 받아서 걸어드리는 것도 모두 고객에 대한 감사의 표현이다. 그리고 그 가운데 가장 최고의 방법은 '세상에서 가장 좋은 매트리스'를 만드는 것이다. 사실 우리는 그것을 늘 해왔고, 앞으로도 결코 멈추지 않을 것이다.

고객의 말씀을
끝까지 경청하겠습니다

고객서비스와 관련해 회사가 직원들에게 항상 당부하는 것이 있다. 그것은 바로 "고객님의 말씀을 잘 들어주세요!"이다. 여기서 고객의 말을 '잘 듣는다.'는 것은 '귀 기울여 들으며 고객의 의중을 최대한 헤아린다.'는 의미인 동시에 '고객의 이야기를 끝까지 들어드린다'는 것을 뜻한다. 고객의 말을 귀담아 듣고 또 끝까지 경청한다는 것은 왜 중요할까?

일반적으로 판매와 상담, 교환과 반품의 상황에서 친절한 응대와 설명은 기본 중의 기본이라고 할 수 있다. 하지만 친절하게 대하고, 자신이 아는 것을 고객에게 잘 설명한다고 해서 반드시 정확하고 적절한 서비스가 제공되는 것은 아니다. 이유가 무엇일까? 예를 들어 보겠다. 브랜드리스 체험관을 방문한 고객이 이켈로스23 매트리스를 보고 마음에 들어 직접 누워봤다고 하자. 고객은 잠깐 누워봤음에도 매트리스가 너무 푹신하지도 않고 적당히 탄탄한 점이 무척 흡족했다. 그러나 평소 허리 건강이 좋지 않았던 터라 혹시라도 쓰다가 불편하지는 않을지 하는 고민에 구매를 망설이고 있었다.

이럴 때 대부분의 고객은 직원을 찾아 이렇게 질문할 것이다.

"푹신한 침대를 쓰지 말라고 들었는데, 이 매트리스 써도 될까요?"

이때 단지 친절한 응대만 숙지한 판매 직원이라면 "이 제품은 많은 고객들이 선호하는 푹신한 경도여서 사용하시는 데에 전혀 무리가 없으실 겁니다. 아무 걱정 마세요."라고 답변할 것이다. 하지만 경험상 이 경우 고객이 제품을 배송받아 사용한 후에 허리 건강의 문제로 매트리스의 경도에 불만을 가질 가능성이 매우 높다. 그렇게 되면 클레임은 당연지사가 된다. 고객은 아마도 "나는 탄탄한 매트리스를 사고 싶어서 경도에 대해 분명히 문의했음에도 직원이 이 제품을 추천했으니 제대로 응대하지 않은 직원에게 책임이 있다."고 주장할 것이다. 참으로 난감한 상황이 벌어지리라는 것은 불 보듯 빤하다.

하지만 고객의 말을 잘 듣고 그 의도를 정확히 헤아린 판매 직원이라면 전혀 다른 응대를 했을 것이다. 그 내용은 이렇다.

"고객님, 푹신한 매트리스를 쓰지 말라는 조언을 받으셨나요? 아, 혹시 허리 건강이 좋지 않으신가요? 고객님과 맞지 않는 경도의 제품이라 하더라도 짧은 시간의 체험만으로는 불편함을 모르실 수 있습니다. 허리 통증이 있으시다면 푹신 경도보다는 탄탄 경도를 추천해 드릴게요. 탄탄 경도의 제품은 허리를 단단히 지지해 줘 수면자세가 흐트러지지 않고 움직일 때 허리 근육을 많이 쓰지 않아도 되니, 고객님께 가장 적절한 매트리스라고 할 수 있어요."

이처럼 고객의 이야기를 주의 깊게 잘 듣는 것만으로도 고객의 입장, 우려하는 부분, 각종 의구심, 사소한 궁금증까지도 정확하게 파악하고 해결할 수 있다. 한마디로 진정한 소통과 교감이 이루어지는 것이다. 그런데 이렇게 하지 않고 직원 본인이 알고 있는 지식을 설명하는 것에 급급하게 되면 정작 고객에게 꼭 필요한 정보와 서비스를 제공하지 못할 공산이 크다. 그 결과는 당연히 고객 불만족과 클레임이다. 직원들에게 늘 경청의 중요성을 강조하는 이유가 여기에 있다.

온라인 게시판을 통한 상담 역시 마찬가지다. 간혹 시중의 온라인 상품판매 사이트에서 고객의 질문과 전혀 상관없는 답변을 보곤 한다. 고객은 A를 물었는데, 답은 B에 대한 내용으로, 얼른 봐도 기존 답변을 복사해 붙여넣기를 한 것이다. 질문을 잘 읽지 않았으니 고객이 궁금한 것에 대해서도 제대로 알 수 없었던 것이다. 누가 봐도 성의가 없다. 질문을 했던 고객도 당연히 제품을 구매하지 않았으리라고 생각한다. 설령 구매했더라도 만족도는 크게 떨어질 수밖에 없을 것이다.

한편 '고객의 말을 잘 듣는 것'은 클레임을 해결하는 좋은 방법 중 하나이기도 하다. 애초에 고객 불만족이 없도록 최상의 제품과 서비스를 제공했다면 좋았겠지만 사람이 하는 일이다 보니 때로는 의도와 달리 클레임 상황이 벌어지곤 한다. 이럴 때 브랜드리스는 고객의 이야기를 '끝까지 들어드리는 것'에 집중한다. 고객이 화나고 불만족한 그 이유를 열심히 듣기만 해도 상황은 크게 달라진다. 어느 순간 고객의 화가 누그러지고 우리의 입장에 대해서도 이해해 주는 분위기가 된다. 이것은 입장을 바꿔 생각해 보면 이유를 알 수 있다. 상대방 때문에 내가 크게 화난 상황에서 상대가 내 이야기에 진심으로 귀 기울여 주는 순간 문제 해결과 무관하게 화가 풀리는 경험을 누구나 갖고 있을 것이다. 때문에 고객의 이야기를 최선을 다해 듣는다. 그러다 보면 놀랍게도 우리의 태도에 고객이 먼저 불편한 마음을 풀고 우리의 입장도 이해하려 한다. 고객의 신뢰가 탄탄히 다져진 기업으로 성장하려면 우리는 아직 가야 할 길이 멀다는 것을 항상 생각한다. 그리고 이런 감사한 일을 겪으면서 드는 생각은 그 거리를 좁히는 데 있어서 가장 우선해야 할 것이 다름 아닌 고객을 대하는 태도라는 것이다.

그런데 이렇게 고객의 이야기를 듣다 보면 때로는 마음이 편치 않을 때도 있다. 고객이 클레임 과정에서 우리가 쉽사리 대처하기 어려울 정도로 과도하게 표현할 때 그렇다. 어디에 내놔도 부끄럽지 않은 매트리스를 판매하고 있다고 자부하는데, 그 제품에 대해 고객이 크게 불만족하고 과한 클레임을 할 때는 속상한 마음이 들기도 하는 것이다. 내가 만든 제품에 대한 애정이 크기에 더욱 그렇다. 그러나 그 이야기를 잘 듣다 보면 결국에는 "아, 이래서 그렇게 말씀하셨구나!"라고 생각하는 단계가 온다. 알고 보면 과한 클레임이 아니라 일견 일리 있는 이야기였던 것. 이럴 때는 고객의 클레임을 통해 제품 개선과 신제품 연구의 방향을 찾을 수 있게 된다.

고객의 이야기를 끝까지 경청한다는 것은 고객 서비스의 첫걸음인 동시에 브랜드리스 성장의 자양분 얻는 일이라고 할 수 있다. 고객의 이야기를 잘 듣다 보면 알게 된다. 고객이야말로 우리의 스승이나 다름없다는 것을.

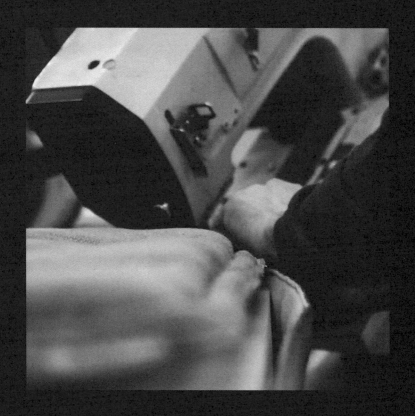

5장

우리만의
기업문화를
만든다는 것

실적보다 중요한
기업문화

사회적으로 성공한 대부분의 기업에는 자신들만의 기업문화가 있다. 조직의 리더로서 기업문화 확립을 위한 노력에 심혈을 기울였고, 그 결과 탄탄한 내실을 지닌 브랜드리스로 거듭날 수 있었다.

어찌 보면 신생 기업인 브랜드리스였기에 우리만의 기업문화는 부족했다. 회사를 크게 키우고, 더 좋은 매트리스를 생산 판매하기 위해서는 이 부분에 대한 정비가 반드시 필요했다. 전체 구성원이 다 함께 지향할 수 있는 최우선 가치와 공통의 마인드가 있어야만 회사와 직원이 함께 성장해 나갈 수 있다고 굳게 믿었다.

우리 회사가 지향하는 문화와 가치는 매우 분명하다. 어찌 보면 직장 생활과 관계가 없어 보일지 모르나, '자기주도적인 삶'이야말로 브랜드리스 기업문화의 중심철학이라고 할 수 있다. 개인적인 삶에서 이와 같은 태도, 가치, 마인드를 지닌 사람은 회사와 함께 성장해 나갈 수 있기 때문이다. 세부적으로는 항상 감사하는 마음, 긍정적이고 진취적인 태도, 스스로 하는 동기 부여 그리고 주인의식과 프로의식 등이 그것이다. 그리고 이러한 태도와 문화는 매트리스 판매실적을 넘어서는 중요성을 지니고 있다. 브랜드리스에서는 구성원들이 공통의 가치를 다 함께 지켜나가는 것이 실적을 올리는 것보다 회사 성장에 훨씬 더 유용하기 때문이다.

기업문화가 중요한 이유는 '인재관리' 측면에서도 찾아볼 수 있다. 어느덧 전국에 41개의 브랜드리스 체험관을 오픈하면서 체험관 수와 함께 늘어난 것이 바로 직원 수다. 이렇게 늘어난 직원 수만큼 중요해진 것이 흔히 말하는 '인사관리'와 '인재교육'이다. '인사가 만사'라는 말이 있을 정도로 기업경쟁력의 핵심은 결국 사람이다. 그런데 이 인사관리와 인재교육이라는 것이 생각하는 만큼 순조롭게 이루어지는 것이 아니다. 중소기업은 특히 더 그렇다. 유능한 직원을 잘 뽑고, 처우와 복지를 개선함으로써 퇴사율을 최대한 낮추는 방식의 일반적인 인사관리가 불가능할 때도 많다.

인재교육도 마찬가지다. '교육'을 통해 직원을 바꿀 수 있는 것에는 한계가 있다. 사람마다 수십 년간 쌓아온 경험과 관습

이 있는데, 이를 회사가 교육한다고 해서 쉽게 변화될 것이라는 생각은 큰 오산이다. 우리 회사도 처음에는 사람이 부족하다는 이유로 우리와 맞지 않은 이들을 다급하게 채용한 적이 있었다. 물론 채용 당시에는 교육을 통해 서로 맞춰갈 수 있을 것이라 생각했다. 그러나 직무와 관련해서는 교육으로 어느 정도 보완이 가능했지만, 직원의 가치관과 삶의 철학을 바꿀 수는 없었다. 지금 돌이켜 생각해 보면, 부모도 선생도 바꾸지 못하는 것을 회사가 바꿀 수 있다고 생각하는 것 자체가 오만이었던 것이다.

그렇다면 답은 첫째, 최대한 우리와 철학이 맞는 직원을 채용하고, 둘째, 우리의 문화에 동의하지 않는 직원과는 아쉽지만, 빨리 헤어지는 것이다. 그리고 이렇게 하기 위해 반드시 선행되어야 했던 것이 우리 회사만의 기업문화 확립이었다. 우리 회사의 비전과 가치, 철학이 완벽히 정립되어 있어야만 그와 뜻을 같이하는 구성원을 불러 모을 수 있고, 설령 서로 맞지 않는 것을 나중에 알게 되더라도 헤어지기 쉽기 때문이다.

한편 기업문화를 정립하는 것도 중요하지만, 이를 전체 구성원이 다 함께 공유하는 것도 매우 중요하다. 우리는 매일 아침 11시에 전국의 임직원이 온라인 화상회의를 진행한다. 물

147

론 직원들의 경우는 휴무나 연차 등에 따라 회의에 불참하기도 하지만, 나는 건강상의 이유와 같은 피치 못할 사정이 아니면 1년 365일 하루도 거르지 않고 100% 참석해 회의를 주재한다. 그런데 이 회의에서 우리는 기술적인 이야기는 거의 하지 않는다. 그 대신 우리가 가져야 할 마인드, 가치, 철학에 대해 이야기한다. 그리고 이 회의와 함께 사전에 준비한 영상을 구성원들이 매일 시청하는 시간을 갖고 있다. 이 영상은 지난 4년여간 만든 브랜드리스 기업문화 및 직무교육 관련 자료영상으로, 현재는 총 700개가 넘는다. 각 영상의 분량은 5분 내외로 길지 않지만 이를 통해 신입직원도 우리 회사의 철학을 쉽게 이해할 수 있다.

서로 뜻을 같이하는 사람들과 같은 방향을 보며 미래를 함께 꿈꾸는 것보다 더 행복한 일은 없을 것이다. 그리고 그렇게 해야만 오늘보다 나은 내일을 만들 수 있다. 실적을 앞세우기보다는 전 구성원이 가져야 할 문화와 가치를 먼저 확립하고 다 함께 공유했던 것은 우리 회사와 구성원 개개인 성장의 커다란 밑거름이었다고 할 수 있다. 다음에서는 브랜드리스가 중요하게 여기는 문화와 가치들을 소개하겠다.

검소하고 겸손하고
감사하자

"검소하고, 겸손하고, 감사하자!"

검소, 겸손, 감사의 마음은 브랜드리스 구성원이라면 누구나 지녀야 할 가장 기본적인 마인드다. 절약하고 아끼는 마음, 자만하지 않고 겸손한 마음 그리고 회사와 직원이 서로에게 감사하는 마음을 갖고 일상에서 실천하자는 뜻이다.

처음 우리만의 남다른 기업문화를 만들어야겠다고 결심했을 때, 회사의 운영과 성장에 도움이 되는 것은 기본이지만 거기에 더해 구성원 개개인의 성공에도 꼭 필요한 기본 가치를 담아야겠다고 생각했다. 이 세상에 수많은 중요한 가치가 있지만 그 가운데서도 '검소, 겸손, 감사'만큼 우리 삶을 크게 성장시키는 덕목은 없을 것이다. 이 세 가지를 마음에 깊이 새기고 실천하는 사람만이 늘 행복할 수 있고 마침내 성공의 열매를 맛볼 수 있을 것이다. 이 굳건한 믿음을 회사 전 구성원이 공유하고 지켜나간 것이야말로 브랜드리스가 지금의 자리에서기까지의 가장 큰 원동력이었다고 할 수 있다.

이 중 첫 번째 덕목인 '검소'는 한마디로 절약의 마인드다. 사실 요즘 같은 불경기에는 "돈 많이 벌자!"라는 말보다도 "망하지 말자!"는 말이 더 유효하다. 이런 때에 비용을 마구잡이로 펑펑 쓰거나 돈으로 허세를 부리면 결코 살아남을 수 없다. 간혹 회사에 청구할 수 있는 비용이나 법인카드를 불필요하게 지출하는 경우가 있는데, 이런 행동은 개인에게도 마이너스다. 남의 돈, 남의 것을 소중히 여기지 않는 사람치고 부자가 되거나 성공하는 사람은 없기 때문이다. 그렇지만 회사가 말하는 '검소'가 무조건 아끼기만 하라는 뜻은 아니다. 예를 들어 직원들이 복잡하고 피곤한 일정으로 멀리 이동할 때는 지하철, 버스 등을 타지 말고 반드시 택시를 타라고 이야기한다. 직원이 피곤하면 출장지에서 좋은 퍼포먼스가 나올 수 없기 때문이다.

두 번째 덕목은 '겸손'이다. 겸손이 중요한 이유는 자만하는 순간 모든 성장이 멈추기 때문이다. 내가 모든 것을 다 알고, 다 잘할 수 있으며, 나 없으면 안 된다는 생각을 하는 순간 더 이상의 성장은 불가능하다. 왜냐하면 사람은 누구나 자신이 이미 뛰어나다고 판단하면 그때부터는 배우기를 멈추기 때문

#메트리스 경도

이다. 중요한 것은 그 자신감과 자기 실력에 대한 고평가가 한낱 '착각'인 경우가 매우 많다는 것이다.

　예를 들어 보자. 외국어나 악기, 바둑 등을 배울 때 초심자는 자신의 실력이 부족한 것을 알기에 성실히 연습에 임한다. 그런데 이런 배움의 과정에서 시간이 흐르고 해당 분야에 대해 적당히 알게 될수록 대부분의 사람들은 자신의 실력을 실제보다 과대평가하는 경향이 생긴다. 이유는 외국어, 악기, 바둑 등 모든 분야가 나름의 무한한 세계를 품고 있는데, 그 넓고 깊은 경지에 다다르지 못했으니 자신이 잘 알지 못한다는 사실조차 알지 못하기 때문이다. 그러다 보면 아이러니하게도 초보를 겨우 벗어난 실력을 가진 사람의 자신감이 높은 경지에 오른 사람의 자신감과 거의 비슷하거나 넘어서는 지경에 이른다. 이렇게 착각에 빠져 겸손을 잃으면 배움은 게을러지게 되며, 그토록 고대했던 외국어 능통자나 수준 높은 악기 연주자 그리고 바둑 고수는 결코 될 수 없게 된다. 반면, 누구보다 많이 배우고 실력이 높을수록 오히려 자신의 능력에 대해 오히려 의심하고 냉정하게 평가하게 된다. 많이 알고 높은 경지에 오른 만큼 이 세상에 자신보다 더 뛰어난 능력을 가진 사람들이 정말 많다는 사실을 깨닫고 겸손함을 갖게 되는 것이다. 결과적으로 이렇게 자만하지 않고 겸손한 사람은 항상 자신이 부족한 것을 잘 알기에 하나라도 더 배우고 성장하기 위해 노력한다. 결국 성장과 발전의 가장 직접적인 원동력은 겸손한 마음인 것이다.

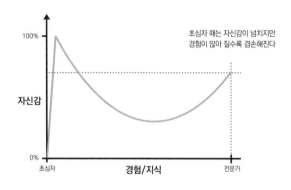

이런 이유로 우리 회사 구성원들에게도 이 겸손의 마인드는 더없이 중요하다. 개발 책임자가 매트리스에 대해 더 이상 배울 것이 없다고 생각하는 순간 신선한 아이디어는 결코 나올 수 없다. 또 판매 직원이 "나는 이 회사보다 큰 기업에서 엄청난 판매실적을 올렸던 전문가야!"라고 자만하며 브랜드리스에 대해 새로 배우려 하지 않고 자신만의 영업방식만 고수한다면 우리 회사에서의 또 다른 성장은 기대할 수 없다. 물론 회사 차원에서도 자만은 금물이다. 자만하는 순간 발전은 멀어질 수밖에 없다는 것을 알아야 한다.

마지막 덕목인 '감사'는 위 두 가지보다 훨씬 더 중요하다. 앞 장에서 고객에게 감사하는 브랜드리스의 기본 가치를 말했던 바 있지만, 여기서 말하고자 하는 '감사'는 고객 감사를 넘어서서 매사에 항상 감사하는 마음을 지니자는 것이다. 이것은 결코 회사를 위해서만이 아니다. 구성원 개개인의 인생을 위해 반드시 필요하다고 생각해서다. 우리 회사가 구축하고자 하는 기업문화, 구성원들이 반드시 가져야 할 가치와 마인드들 중에서 단 하나를 남기라면 나는 '감사'를 남기겠다. 왜냐하면 '감사의 마음'이 없으면 인생에서 어떤 '행운'도 일어나지 않기 때문이다. 감사하는 마음을 갖지 못하는 사람에게는 그 어떤 좋은 일도 일어나지 않는다.

그런데 이런 감사의 마음은 회사도 구성원들에게 가지고 있다. 또 구성원들 역시도 회사에 대해 같은 마음을 가졌으면 한다. 회사가 비록 업무 진척을 위해 직원들을 독려하는 입장이기는 하나 기본적으로는 구성원들에게 항상 감사하는 마음을 갖고 있다. 우리 회사에는 자신의 위치에서 성심을 다해 일하는 직원들이 정말 많기 때문에 이분들에게 진심으로 감사한 마음을 가지고 있다. 또 구성원들도 때로는 불편한 사항이 있을지언정 회사가 개인의 역량을 발휘할 수 있도록 가용한 범위 내에서 최대한 지원하고 환경을 마련하고 있음을 알아주기를 진심으로 바라고 있다.

검소, 겸손, 감사의 마음은 우리 회사가 공동체 차원에서 중요하게 여기는 가치인 동시에 개인의 발전과 성장을 위해서도 상당히 유효한 가치다. 나 역시 항상 검소하고 겸손하며 감사한 마음을 가지기 위해 부단히 노력하고 있다. 물론 잘 되지 않을 때도 많다. 하지만 그때마다 마음을 다시 다잡고 나와 우리의 지향점을 생각하곤 한다. 우리 회사 구성원들이 언제나 검소, 겸손, 감사를 마음에 새기고 브랜드리스의 목표와 저마다의 지향점을 향해 다 함께 성장해 나갈 수 있기를 기원한다.

이끌거나 따르거나
비키거나

브랜드리스 구성원들은 다음 세 가지 중 하나는 반드시 선택해야 한다.

"이끌거나, 따르거나, 비키거나!"

처음 들으면 다소 낯설기도 할 이 말은 우리 회사의 가장 대표적인 문화 중 하나다. 때문에 모든 구성원들이 반드시 따라야 하는 최우선 방침 중 하나라고 할 수 있다. 그 뜻은 이렇다. 먼저 회사의 비전에 공감해 조직의 리더로서 구성원들을 잘 이끌거나, 리드하기 어려우면 팔로워로서 잘 따르거나, 회사의 비전이 자신의 생각과 너무 다르다면 비키거나 해야 한다는 것이다. 브랜드리스에서는 이 세 가지 중 하나는 반드시 해야 한다. 이끌거나, 따르거나, 비키거나!

어렵다면 어렵고, 쉽다면 쉬울 수 있는 이 일들은 구체적으로 다음과 같다.

첫 번째, '이끌거나!'는 회사의 비전과 가치에 공감한다면 팀장이나 매니저로서 역할을 충실히 해 주거나 혹은 직책이 없더라도 구성원들을 잘 이끌며 회사 발전에 기여할 수 있다는 뜻이다. 사람마다 성향이 달라서 타고나기를 내향적인 사람이 있는가 하면, 외향적이고 리더십이 뛰어난 사람이 있다. 이 중 리더십이 있어 조직의 방향성을 제시하고 구성원을 통합하는 자질이 있는 직원이라면 브랜드리스 안에서 '이끄는' 역할을 해주면 된다.

두 번째, '따르거나!'는 이 역시 회사의 비전과 가치에 공감한다면 팔로우십을 발휘해 잘 따르는 방식으로 회사의 발전에 기여할 수 있다는 뜻이다. 리더의 역할이 중요하다고는 하나, 리더가 혼자 할 수 있는 일은 아무것도 없다. 소수의 리더를 잘 따라주는 구성원들이 대거 포진해 있을 때 비로소 회사가 목표한 방향으로 잘 나아갈 수 있다. 때문에 '따르는' 이들 역시 조직 내에서 팔로우십을 잘 발휘해 주는 것만으로도 매우 큰 역할을 한다고 볼 수 있다.

그러나 리더와 팔로워가 칼로 무 자르듯 딱 나뉘어져 있는 것은 아니다. 어제의 팔로워가 오늘의 리더가 될 수 있고, 리더로서 조직을 이끌다가 너무 힘에 부치면 팔로워의 자리로 옮길 수 있다. 중요한 것은 두 가지 위치 모두 회사의 비전과 가치, 방침을 잘 이해하고 같은 방향으로 나아갈 수 있다는 점이다.

세 번째, '비키거나!'는 우리 회사의 방향성이 정답은 아니기에 이에 공감하지 못한다면 이직을 하는 것이 좋다는 뜻이다. 브랜드리스의 비전과 경영진의 운영 방식이 마음에 들지 않는데 한번 입사했다는 이유로 굳이 참고 다닐 필요가 없다. 이럴 아쉽지만, 하루빨리 퇴사를 결정하는 것이 서로에게 좋다. 그런데 회사가 이렇게 생각하는 것은 그 직원에게 악감정이 있어서가 절대 아니다. 오히려 반대로 직원 본인의 인생과 선택에 대한 '존중'의 의미가 담겨있다. 피고용인이라 해서 하기 싫은 일을 억지로 하거나 조직을 위해 희생할 필요는 전혀 없기 때문이다. 이 세상에 억지로 강요해서 될 일은 하나도 없다고 생각한다. 그리고 무엇보다 이런 분들이 이직해 더 잘 될 수 있다. 우리 회사와는 잘 맞지 않았지만, 옮긴 회사에서는 여건이 서로 잘 맞아 본인의 실력을 최대치로 발휘하고 훌륭한 성과를 낼 수도 있기 때문이다.

그런데 여기서 가장 안 좋은 것은 위 세 가지 중 아무것도 안 하는 것이다. 간혹 이렇게 생각하는 이들이 있다. "나는 리더로 나서기도 싫고, 나와 맞지 않는 회사 방침을 따르기도 싫어. 그냥 내가 옳다고 생각하는 대로 할 거야!" 즉, 회사를 좋은 방향으로 이끌지도 않고 방침을 따르지도 않는데, 회사는 계속 다니겠다는 것이다.

이런 태도가 왜 나쁜가 하면, 이렇게 하면 조직에도 좋지 않지만 결국 본인 인생의 크나큰 낭비가 되기 때문이다. 이런 생각과 태도로 회사를 다녀봐야 결코 스스로 성장할 수 없고, 조직에 성과로 기여할 수도 없다. 다니는 동안 매일이 괴롭고 힘든 데다 10년, 20년 다녀도 절대 인정을 받을 수 없다. 결국 인생을 허비하는 결과가 된다. 그러니 서로 맞지 않으면 헤어지는 것이 정답인 것이다. 중요한 것은 어떤 직원이 회사의 비전과 가치를 따를 수 없어 퇴사한다고 해도 회사 입장에서는 그 직원이 우리와 신념이 다르다고 여길 뿐, 무능력하다거나 부적응자라고는 결코 생각하지 않는다는 것이다. 오히려 우리 회사가 그 사람을 담을 그릇이 안 되는 탓일 수도 있으니 다른 회사에서 큰 꿈을 펼치기를 바랄 뿐이다.

브랜드리스가 회사 차원에서 이렇게 생각하는 데는 사실 더 큰 이유가 있다. 브랜드리스에는 회사의 비전과 가치를 함께 믿으며, '인생을 걸고' 최선을 다하는 직원들이 수없이 많다. 이들에게는 우리 회사에서의 성장과 성공이 매우 중요하다.

그리고 경영진에게는 이들이 가진 미래 비전을 지켜줄 의무가 있다. 그런데 일부 소수의 사람들이 오직 불만만 가진 채 비켜주지 않으면 신념을 갖고 매 순간 열심히 일하는 직원들이 피해를 입게 된다. 그런 상황이 생기지 않도록 시스템을 만드는 것이 경영진의 책무라고 생각한다. '이끌거나, 따르거나, 비키거나!' 이것은 결국 "세상 사람들의 깊은 잠을 돕겠다."는 브랜드리스의 비전과 구성원들의 꿈을 끝까지 지켜내기 위한 우리의 비책이라고 할 수 있다.

태도가 곧 실력이다

브랜드리스를 창업하고 현재에 이르기까지 수도 없이 많은 위기 상황에 직면했다. 그럴 때마다 해결의 실마리를 찾게 해준 것은 "가능하다!"라는 믿음과 "할 수 있다!"는 긍정적 태도였다. 거대기업들이 이미 포진해 있는 치열한 경쟁시장에서 나를 포함한 임직원들이 이런 긍정적인 태도를 지니지 않았더라면 우리처럼 작은 회사는 진즉에 포기하고 나가떨어졌을지 모른다.

우리만의 독창적인 매트리스를 개발하기 어려웠을 때, 멀리 유럽까지 가서도 바라던 신소재를 쉽게 찾지 못했을 때 그리고 그렇게 어렵게 만든 매트리스의 판매가 생각처럼 되지 않았을 때 우리는 "더 이상 열심히 해봤자 소용없겠어." 또는 "어차피 안 될 줄 알았어."라고 결코 생각하지 않았다. 오히려 "조금만 더 해보자, 두드리다 보면 분명 열릴 거야!"라고 생각하며 서로의 기운을 북돋웠다. 그 이유는 이번에 답을 찾지 못하더라도 다음에 찾으면 된다고 생각했기 때문이다. 또한 체험관을 찾은 고객이 오늘은 구매를 하지 않더라도 다음에 다시 방문할 수 있도록 하는 것이 중요하다고 생각해서였다. 그 굳건한 믿음의 결과가 현재의 브랜드리스다.

이런 일련의 과정과 결과를 바라보며 한층 확고해진 가치는 '태도가 곧 실력'이라는 것이다. 지금 실력이 남보다 조금 부족하더라도 긍정적인 태도와 진취적인 마인드로 매일 노력한다면 결국에는 뛰어난 실력을 갖추고 높은 성취를 이룰 수 있다. 즉, '긍정성'이야말로 브랜드리스가 생각하는 핵심성공요인(CSF, Critical Success Factor)이라고 할 수 있다.

이런 이유로 우리 회사는 어떤 직원이 남달리 긍정적 태도를 갖추고 있을 때, 단순히 "이 직원은 매사에 긍정적이군!"이라고 판단하는 것에 그치지 않고 객관적인 실력의 지표로 삼는다. 이런 직원들은 지금은 판매를 잘하지 못하거나 공정을 정확히 이해하지 못했어도 시간이 지난 후에는 조직 안에서 자기 몫을 훌륭히 해낼 것이 분명하다. 오늘의 성과에 실망하지 않고 "내일은 잘할 수 있어!"라고 생각하며 최선의 노력을 다할 것이기 때문이다.

그렇다면 부정적 태도는 왜 문제인가? 혹자는 개인의 관점이 긍정적이든 부정적이든 그것이 회사와 무슨 상관인가라고 생각할 것이다. 다시 말해 태도와 실력은 서로 관계가 없다는 시각이다. 누군가는 "평소 비관적이고 부정적인 관점을 갖고 있더라도 매트리스만 잘 팔고 매출을 올리면 되는 일 아닌가?"고 생각할 수 있다. 하지만 이것은 불가능한 일이다. 예를 들어 "사람들은 어차피 선호하는 유명 브랜드가 있는데 우리처럼 낯선 브랜드를 누가 살까?"라는 생각을 가진 판매원이 과연 진심 어린 태도로 판매에 임할 수 있을까? 맡은 분야에서 성장할 수 있을까? 물론 어쩌다 매트리스 한두 개 정도는 팔 수도 있을 것이다. 하지만 딱 거기까지다. 갖은 노력을 해봐야 대중은 어차피 타 브랜드를 구입할 것이라는 부정적인 마인드를 가진 상태에서는 결코 훌륭한 퍼포먼스가 나올 수 없기 때문이다.

브랜드리스가 구성원들에게 긍정적 태도를 강조하는 것은 비단 회사의 발전과 성공만을 위해서만이 아니다. 매사 부정적인 관점으로 세상을 바라보는 사람에게는 매 순간이 불행으로 다가올 것이다. 간단한 예로 지인에게 옷 한 벌을 선물로 받았다고 하자. 부정적인 마인드로 가득한 사람은 '왜 하필 내가 좋아하지 않은 색의 옷을 선물한 거지? 혹시 일부러 그런

건가?'라며 선물 받은 행복한 상황을 순식간에 불행한 상황으로 만들어버린다. 이렇게 되면 기껏 좋은 마음으로 선물한 사람과 좋은 관계를 맺으려야 맺을 수 없다. 반면 긍정에너지가 넘치는 사람은 '평소 입지 않던 색의 옷이지만 의외로 잘 어울릴 수 있으니 선물 받은 김에 한번 입어봐야겠다.'고 생각하며 기뻐한다. 이런 생각이면 선물한 지인과 더 좋은 관계로 발전할 수 있다.

불행을 찾아내는 탁월한 능력을 갖게 되면 주변인까지 불행하게 만든다. 이런 사람들의 모습을 자세히 들여다보면 일상이 불평, 불만으로 가득하고 모든 대화는 부정적이다. 나아가 타인을 욕하고, 타인의 진심을 담은 간절한 노력조차 부정적으로 바라본다. 또 아무리 좋은 상황에서도 괴로움의 이유가 생기고, 그러다 보면 어떤 것도 성취하지 못한 채 결국에는 스스로가 가장 불행해지고 만다.

우리 회사는 긍정적 태도로 열심히 한 모든 날들이 쌓여서 마침내 그 사람의 실력이 된다고 믿는다. 긍정적 태도와 진취적인 마인드는 성장과 배움을 찾아내는 능력과 동일하기 때문이다. 긍정적 태도를 지닌 사람은 힘든 상황에서도 '내가 이 일을 통해 이전에 몰랐던 걸 배웠구나.'라고 생각한다. 그리고 진취적인 마인드를 갖춘 사람은 역경이 닥치면 오히려 '성장할 좋은 기회'라고 생각하고 그 한계를 넘어선다. 그러므로 긍정적 태도는 최종적으로 그 사람의 실력이 되고야 마는 것이다.

진정한 인재는
동기부여가 필요 없다

"회사는 구성원들이 능력을 최대한 펼칠 수 있도록 동기를 부여해야 한다."

많은 경영철학서들이 강조하고 또 강조하는 경영이론이 있다. 바로 회사는 구성원들에게 업무와 성장의 동기를 부여해야 한다는 것. 뿐만 아니다. 이 시대의 수많은 직장인들이 퇴근 후 술자리에서 너도나도 하는 이야기 역시 같은 맥락이다.

"우리 회사는 직원들에게 열심히 일할 동기를 주질 않아. 하다못해 인센티브라도 두둑이 주던지. 이런 상황에 의욕이 도통 생기지 않는 게 당연하지!"

그러나 브랜드리스는 다소 다른 철학을 가지고 있다. 회사는 근본적이고 장기적인 차원의 동기는 줄 수 없다는 것. 바꾸어 말하면 단기적인 동기부여는 가능하지만, 일할 의욕과 지속적인 성장 동력은 결국 본인 스스로 찾아야 되기 때문이다. 대표나 임원이 직원을 붙잡고 "우리 다 같이 파이팅해서 이번

분기 매출을 최대로 올려봅시다!"라고 말한다고 해서 매출이 단번에 상승할 거라고 생각하지 않는다. 또 성과에 따른 금전적 인센티브만을 통해 회사와 개인의 지속적인 성장이 가능하다고도 믿지 않는다. 무엇보다 이런 식의 동기 부여에는 한계가 있다. 스스로 동기를 찾지 못한 채 쉬운 일만 찾는 사람은 무슨 수를 써봐야 요령을 찾을 것이고, 성과에 대해 돈으로 추가적인 보상을 받아 본 사람은 점점 더 많은 금전적 보상을 원하기 마련이다. 만일 회사가 사정상 부득이 이를 채워주지 못하면 남은 선택은 이직뿐이다.

나도 한때는 직원들과 자주 회식하며 단합하는 분위기를 만들고자 애쓴 적이 있었다. 술자리에서 서로의 고충을 나누며 업무 의지를 독려하다 보면 그 순간만큼은 우리가 같이 큰일을 해낼 수 있을 것 같은 기분이 들기도 했다. 하지만 1년 가까운 시간이 흐른 뒤에 깨달았다. '아, 다 부질없구나!'

임직원이 모여 밥 먹고 술 마시며 "파이팅!"을 백 번 외쳐봐야 우리 회사와 맞지 않는 직원은 여전히 업무가 힘들 수밖에 없다. 특히 사직서를 낸 직원을 붙들고 회유와 독려를 한다며 거한 술자리를 가져봐야 그때 그만두지 않으면 한 달 뒤에 결국은 퇴사하기 마련이다. 이런 일들을 반복적으로 겪으며 회사 차원의 동기 부여라는 것이 과연 가능할까 하는 의문이 들었다.

인센티브도 마찬가지다. 매출이나 기타 성과에 따라 인센티브를 차등 지급하는 것이 업무 의지를 북돋고 동기 부여가 될 것 같지만 실상은 그렇지 않은 경우도 많다. 역설적이게도 경험상, 회사가 인센티브제를 활발히 운영할수록 직원들의 근속 연수는 떨어지는 경향을 보였다. 그 이유는 기본급은 적고 인센티브가 들쭉날쭉하다 보면 생활의 균형을 찾기 어렵기 때문이다. 예를 들어 어떤 달은 잘 팔아서 700만 원의 급여를 받았는데 다른 달은 매출을 못 올려 200만 원을 받게 되면 일할 의욕이 뚝 떨어질 수밖에 없다. 그뿐일까. 좋은 달에 할부로 차라도 구입했다 하면 이보다 난감한 일이 없을 것이다. 그러다 보면 다른 회사를 기웃하게 되고 결국엔 인센티브 따라 여기저기 옮겨 다니는 신세가 되는 경우를 많이 봤다.

인센티브제는 회사 차원에서도 길게 보면 마이너스다. 인센티브라는 것이 결국은 매출액에 대한 보상이다 보니 자칫 잘못하면 직원이 고객을 차별하는 상황이 생긴다. 사실 시중의 많은 판매 업장들에서 가격대가 낮은 제품을 사고자 하는 고객을 홀대하는 일은 매우 흔하게 일어난다. 반대로 고가의 제품을 구매하는 고객만 극진히 모신다. 물건을 사는 과정에서 이런 일을 한 번도 겪어보지 않은 사람은 드물 것이다. 물론 고객 입장에서 이런 일이 기분이 좋을 리 없다. 이런 현상은 회사가 직원에게 '인센티브'로 업무 동기를 부여했기 때문인 경우가 많다. 구성원들에게 동기를 부여함으로써 회사의 성장을 도모하고자 채택한 시스템이 결국에는 장기적으로 회사에 좋지 않은 영향을 미치는 것이다.

또 인센티브제를 운영하면 AS, 상담, 청소와 같이 인센티브가 없는 기타 업무들은 책임소재가 불명확해지는 문제도 있다. 아무리 잘해도 돈이 되지 않으니 누구나 꺼리게 된다. 모든 것이 돈으로 치환되기 때문이다. 그러다 보면 고객의 불편을 해소해 주는 일은 뒷전이 되고 당장 눈앞의 판매 성과에만 열을 올리게 된다. 많이 팔았을 때 해외여행 보내준다고 독려하면, 해외여행에 도움 되지 않는 업무는 소홀할 수밖에 없다. 이런 이유로 우리 회사에는 매출액에 따른 인센티브제도가 없다. 그 대신에 안정적인 생활이 가능하도록 동종업계에서 상당히 높은 수준의 급여를 제공한다.

브랜드리스는 직원의 업무 실력 향상과 개인적 성장을 가능하게 하는 동기는 철저히 그 사람의 내면에 있어야 한다고 생각한다. 진짜 일 잘하는 직원은 '셀프 모티베이션self-motivation'

이 가능하다. 업무를 잘 처리했을 때 그것이 회사의 이득이라 생각하기보다는 자신이 한 단계 성장했다고 판단한다. 그리고 생각처럼 일이 잘 풀리지 않거나 슬럼프에 빠져도 결국에는 스스로의 힘으로 헤쳐 나온다. 회사는 그런 구성원의 모습을 지켜보고 지지하며 기다려주는 것이 최선인 것이다. 그 과정에서 우리 회사가 가고자 하는 방향만 정확히 알려주면 된다고 생각한다. 그렇지 않고 억지로 끌고 가거나, 안 되는 것을 바꾸라고 하거나, 그때그때 돈으로 보상하고자 하는 것은 결코 좋은 방식이 아니라고 믿는다.

이 때문에 우리는 직원을 처음 선발할 때부터 스스로 동기를 부여할 수 있는 인재인지 여부를 가장 중요하게 본다. 누가 이끌어주지 않아도 자신의 힘으로 성장할 수 있는 자질이 있는가를 보는 것이다. 그 인재가 우리 회사의 비전과 목표를 공유할 수 있다면 브랜드리스와 함께 성장할 수 있을 것이다.

일할 의욕과 계기, 성장의 이유와 동력은 모두 스스로 마련해야 한다. 누구나 스스로에게 '일의 동기'를 부여할 수 있으며, 또 그래야 한다. 그렇지 않고 외부에서 주거나 강요하는 것은 '진짜'가 아니기 때문이다. '자가 동력'만이 진정한 성장의 동력이 될 수 있다.

우리는 가족이 아닌
프로팀이다

기업과 조직이 흔히 하는 말이 있다. "우리는 가족입니다."

브랜드리스는 그 반대로 말한다. "우리는 가족이 아닙니다."

이렇게 말하는 데에는 매우 분명한 이유가 있다. 우리 회사 구성원들은 가족과 같은 정으로 뭉친 사람들이 아니기 때문이다. 또 동아리처럼 재미있는 활동을 하고자 모인 것도 아니다. 나 역시 친목 활동을 하고, 서로 따뜻한 정을 나누기 위해 브랜드리스를 설립한 것이 아니다. 물론 때에 따라 그런 일도 가능하겠지만 그것이 본질은 아니라는 뜻이다.

이렇게 말하면 누군가는 매정하다고 말할지도 모르겠다. 하지만 사실이 그렇다. 기업은 동아리 같은 사적 모임이 아니며, 가족공동체는 더더욱 아니다. 우리 회사가 구성원들에게 이 점을 항상 강조하는 이유는 회사 출근의 이유를 '친목 도모'에서 찾는 구성원들이 간혹 있기 때문이다. 물론 직원 간 관계가 불편하거나 나쁠 필요는 없다. 그러나 직원들끼리 사적으로 두터운 정을 쌓거나 친구, 가족처럼 지내는 것에 치중하는 것은 절대 권장하는 바가 아니다. 왜냐하면 이렇게 지내다 보면 첫째는 본말이 전도되어 업무에 소홀하기 쉽고, 둘째는 서로의 인간적인 기대치에 실망할 경우에 오히려 이 문제로 회사를 그만두는 경우가 적지 않기 때문이다. 실제로 체험관에 근무하던 직원 가운데도 이런 문제로 갈등을 겪고 퇴사한 이들이 있었다. 아이러니하게도 사우관계가 유난히 돈독했던 직원들이었다. 이럴 바에는 차라리 서로 간에 '아름다운 거리'를 유지하는 편이 훨씬 낫다. 적당한 거리가 있어야 기대도, 실망도 없다.

이 부분에서 브랜드리스가 추구하는 기업문화는 무엇일까? 우리 회사는 설립 초기부터 가족 같은 정 대신에 한층 더 중요한 가치에 공감하고 있다. 우리 회사 전체 구성원은 '고객만족'이라는 기업 목표를 함께 달성해 나가는 '멋진 프로팀'이라는 것이다.

기업은 상품 또는 서비스를 고객에게 제공함으로써 수익을 창출하고 배분하는 조직이다. 여기서 브랜드리스는 단순히 수익 창출을 넘어서서 '고객만족 극대화'라는 뚜렷한 목표를 설정하고 있다. 우리 회사 구성원들이 이 하나의 목표를 공유하고, 달성하기 위해 각자의 위치에서 최선을 다해야 하는 것은 이 때문이다. 그 결과로 얻어낸 성과와 수익은 최선을 다해 애써 준 우리 구성원들의 몫이 된다. 그러므로 우리 모두는 완벽한 프로페셔널Professional이자 하나의 프로팀인 것이다.

그렇다면 프로와 프로팀은 어떻게 해야 할까? 적어도 프로라면 자신이 맡은 책임과 역할을 다해야 한다. 하지만 그게 전부는 아니다. 프로이자 프로팀의 일원이라면 이 팀이 가고 있는 방향에 대해 정확하게 알고, 그 방향에 맞는 일을 주도적으로 찾아낼 줄 알아야 한다. 일례로 얼마 전 국내 놀이공원에서 한 아르바이트생이 고객응대를 뛰어나게 잘해 사람들의 관심을 받은 적이 있다. 정직원도 아닌 아르바이트 직원이 '놀이기구와 놀이공원 직원의 본분'을 정확히 알고 고객들에게 특별한 재미를 선사했던 것. 유튜브에 올라온 영상만 보더라도 이 아르바이트생이 그와 같은 퍼포먼스를 선보이기 위해 얼마나 애쓰고 노력했을지를 대번에 알 수가 있다. 이 직원이 자신은 단순히 시급 인력이라고 생각했다면 이렇게까지 하지는 않았을 것이다. 그는 아마도 자신 역시 이 큰 회사에서 제 몫을 하는 구성원이며, 이 회사의 목표는 고객들에게 재미와 즐거움을 제공하는 것이라는 사실을 분명하게 알았을 것이다. 누군가는 '아르바이트생이 저렇게까지 할 필요가 있을까?'라고 생각했겠지만 결과적으로 이 직원은 노력과 전문성을 인정받아 본사로 발령받으며 꿈을 펼칠 더 큰 기회를 얻었다고 한다.

'프로'란 이런 것이다. 결코 아마추어처럼 해서는 안 된다. 우리 회사 구성원들도 '고객만족 극대화'라는 회사의 목표에 동의했다면, 자신이 맡은 부문에서 고객만족을 극대화할 수 있는 방법을 찾아낼 수 있어야 한다. 앞서도 말했듯 우리 회사는 실적을 중시하지 않는다. 업무를 대하는 태도, 고객을 응대하는 방식을 한층 더 중요하게 생각한다. 그래서 판매 직원에게는 매트리스를 팔기보다 고객을 친절히 응대하고 상담하는 프로다운 퍼포먼스를 원한다. 배송 직원에게도 단순히 빠른 배송이 아닌 섬세하고 고객이 편안한 배송을 요구한다. 그 퍼포먼스 자체가 우리에게는 실적이기 때문이다. 이런 것들을 끝까지 마무리하고 완벽히 해내는 것이야말로 진정 프로다운 모습이다.

그렇다고 해서 회사가 '프로'의 모습을 직원들에게만 요구하는 것은 절대 아니다. 회사 역시 모든 면에서 프로다워야 한다고 생각한다. 그중 하나로, 나는 직원들에게 "절대 희생하지 말라."고 항상 이야기한다. 실제로 우리 회사는 직원의 희생을 절대 원하지 않는다. 가족은 서로 모든 걸 이해해 주는 관계지만 직원과 회사는 그런 관계가 아니기 때문이다. 직원의 성장 목표와 회사의 목표가 동일하다면, 직원 본인을 위한 일도 회사를 위한 일이 된다. 또 반대로 회사나 동료를 위해 한 일이라도 결과적으로는 본인의 성장을 위한 일이 될 수 있다. 결국 회사에서 열심히 일하는 것이 회사를 위한 희생이 아니라 개인 성장과 발전의 밑거름이 될 수 있다.

때문에 브랜드리스 구성원들은 항상 우리의 목적을 알고 있어야 한다. 그것이 우승이라면, 이기는 것은 다른 데 있지 않다. 회사의 목표에 부합하는 역할을 충실히 해내며 어제의 자신을 뛰어넘어 프로로서 승부하는 것. 그처럼 고객을 위한 퍼포먼스를 멋지게 해내는, 우리는 한마음 한뜻의 프로팀이 되는 것이다.

자기 인생의 '주인'이 될 때, 함께 성장할 수 있다

성공하는 기업, 사람, 단체가 그렇지 못한 이들과 가장 크게 다른 점은 무엇일까? 여러 가지 차이점이 있겠지만 그중에서도 가장 주된 요인을 꼽으라면 자신의 삶에 대한 '주인의식'을 이야기하고 싶다.

자신의 업※에 대해 '주인의식'이 없는 사람들은 현재 하는 일에 대해 전심전력을 다하지 못한다. 기본적으로 그 일이 '나의 일'이라고 생각하지 않기 때문이다. 이런 경우는 '먹고 살기 위해 어쩔 수 없이 하고 있는 일', '나와는 맞지 않아 언젠가는 그만둘 일', '열심히 해봤자 내 인생에는 도움 안 되고 회사만 좋은 일'이라고 생각하는 것이 대부분이다. 이렇다 보니 일이 잘못되거나 뜻밖의 변수가 생겨났을 때 책임 있는 태도로 해결하고자 하지 않는다. 심지어 남의 탓을 하거나 모르쇠로 방관하기 일쑤다. 이런 태도로는 결코 남다른 성장이나 성공을 기대하기 어렵다.

이와 같은 이유로 브랜드리스는 주인의식과 자기주도적인 업무 태도를 회사의 매우 중요한 가치관으로 설정하고 있다. 하지만 그렇다고 해서 구성원들에게 회사 전체의 운영에 대해 주인의식을 가지라고 한다면 그것은 한마디로 어불성설일 것이다. 브랜드리스가 생각하는 주인의식은 회사의 경영이나 매출, 수익에 대해 모든 구성원이 자신의 사업인 것처럼 나서서 해결해 주는 것을 뜻하지 않는다. 그 대신 구성원 모두가 각자의 자리에서 자신이 맡은 업무에 대해 '방관자'가 아닌 자신의 인생에 '주인'된 마인드와 자세를 갖는 것을 중시한다. 그리고 더 나아가 회사 업무뿐 아니라 모든 일상에서 '자기주도적'인 태도를 지니기를 바란다. 이와 관련해 브랜드리스는 구성원들에게 몇 가지의 구체적인 마인드셋과 문제 접근법을 제안하고 있다.

그중 첫 번째는 책임 있는 인식과 태도다. 업무 중에 어떤 문제가 발생했을 때 이를 해결하는 방식은 크게 두 가지 부류로 나뉜다. 하나는 책임지고 문제 해결을 위해 노력하는 쪽이고, 다른 하나는 피해자의 입장을 취하는 쪽이다. 이 중 피해자의 입장을 취하는 부류는 문제가 생기면 우선 현실을 회피하며 자신과 상관없다는 태도를 취한다. 그리고는 남을 탓하고 원망한다. 예를 들어 생산 공정에서 퀼팅에 문제가 생겼다고 하면, 그것이 자신의 업무임에도 "전임자가 인수인계를 안 해줘서", "협력업체가 자제 납품을 제대로 하지 않아서", "기계 설비 관리자가 신경 쓰지 않아서" 등의 원망을 하는 것이다. 최종적으로는 일이 성공적으로 마무리되지 못한 것이 어쨌든 자신의 잘못이 아니라는 것으로 변명하는 것으로 마무리한다. 이렇게 되면 문제는 결코 해결되지 않고, 개인의 성장도 이끌어낼 수 없다.

반대로 주인의식과 책임 있는 태도를 지닌 사람들은 가장 먼저 문제가 발생한 원인을 찾고 현실을 이해하고자 한다. 그리고 일정 부분 자신의 잘못이 있음을 인정하며 해결책을 찾고자 애쓴다. 어떤 점을 개선해야 차후에 같은 문제가 발생하지 않을 수 있을지에 대해서도 깊이 고민한다. 책임 있는 인식과 태도가 중요한 것은 바로 이런 과정을 거치며 스스로 성장한다는 것이다. 이런 사람은 비가 오는 것조차 자신의 책임으로 여긴다. 물론 비 오는 것이 물류배송 담당의 책임은 전혀 아니다. 그러나 내리는 비로 인해 업무에 차질이 생긴다면, 비 올 확률을 미리 체크하는 것까지도 담당자의 책임이 될 수 있을 것이다. 비가 내릴 때 어떻게 할지 Plan-B를 만들어 놓는 것이 책임 있는 담당자의 자세이다. 그리고 이렇게까지 책임의 영역을 확대할 수 있는 사람만이 마침내 조직의 리더로 성장할 수 있다.

두 번째는 의심 없이 몰입하는 태도다. 어떤 일이든 한번 시작했으면 일정 기간 동안은 아무 의심 없이 최대한 집중하고 몰입해 일해야만 성과를 낼 수 있다. 간혹 "이 일을 하면 내가 너무 손해 아닌가?", "회사를 위해 희생하기는 싫은데!"라는 생각을 가지고 자신의 업무에 대해 끊임없이 의심하는 이들이 있다. 이런 인식과 태도로는 아무것도 이룰 수 없다. 무엇보다 우리 회사는 구성원의 일방적인 희생을 결코 원하지 않는다. 희생이라고 생각하며 조직에 남아있는 것은 오히려 서로에게 불이익이 된다. 우리나라 축구 국가대표 선수를 예로 들어 보자. 팀 내 가장 에이스인 선수가 경기장에서 뛸 때, '이번에 골 넣으면 연봉 협상에 유리할까?' 또는 '내가 패스해서 다른 선수가 골을 넣으면 혹시 내가 손해 보는 것 아닌가?'라는 생각은 결코 하지 않을 것이다. 오로지 '최고의 플레이를 해서 우리 팀을 반드시 승리로 이끌겠다!'는 생각으로 경기 그 자체에 몰입할 것이다. 결국 중요한 것은 회사의 매출이나 수익 때문이 아닌 오직 자신을 위해 몰입해 일해야 한다는 것이다. '인생의 주인은 나'라는 관점을 갖고 자신의 성장을 위해 최선을 다하는 것이야말로 진정한 프로의 자세라 할 수 있다.

세 번째는 즐겁게 일하는 마음가짐이다. 이 세상에 일하는 것이 정말 좋고 즐겁다는 사람은 그리 많지 않을 것이다. 하지만 종일 괴로워하며 일한다 해서 현실이 달라지지는 않는다. 그렇다면 이왕 하는 일을 즐겁게, 재미있게 하는 것도 방법이 될 수 있다. 하루 8시간의 근무시간 동안 어떤 마음가짐으로 생활할지를 결정할 수 있는 사람은 다른 어떤 누구도 아닌 '나 자신'이기 때문이다. '남들처럼 괴롭게'가 아닌 '남다르게 즐겁게' 살 수 있는 여건은 내가 만들 수 있다. 무엇보다 '정말 일하기 싫다!'며 출근하는 사람과, 누가 시키지 않아도 '오늘 내가 할 일은 △△, ○○이니 재미있게 한번 해보자!'라며 하루 일과를 시작하는 사람의 미래는 어마어마하게 다를 것이다. 자신에게 주어진 오늘 하루의 '주인'이 되어 살 때, 인생 전체의 진정한 주인공이 될 수 있다.

'일상의 주인의식'은 브랜드리스 기업문화에서 매우 중요한 중심철학이다. 모든 상황에서 주도적인 태도, 가치, 마인드를 지닌 사람만이 우리 회사와 함께 성장해 나갈 수 있기 때문이다.

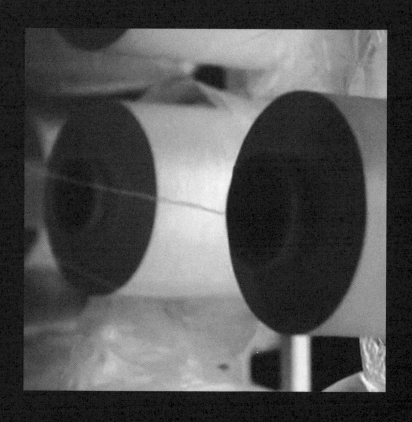

BRAND·less®

6장

오로지 수면 전문
매트리스 기업으로
남기 위하여

1.5세 경영인의 이름으로

브랜드리스 이전에 매트리스 납품기업 '아모스'가 있었다. 부친이 1989년 경기도 남양주시에 세운 이 공장은 초기에는 오히려 운영 경기가 좋았다. 지금의 관점으로 보면, 가내수공업과 다름없었지만 매트리스가 흔하지 않던 시절이었기에 공장은 항상 바쁘게 돌아갔었다. 그 회사를 기반으로 브랜드리스를 설립해 운영하는 나는 1.5세 경영인이라고 할 수 있다.

어린 시절의 내게 공장은 가장 익숙하고 편한 놀이터였다. 예닐곱 살 무렵 친구들을 공장으로 데려와 매트리스 사이에서 자주 놀았는데, 처음 놀러 온 친구들은 으레 "이게 대체 뭐에 쓰는 거냐?"며 호기심 어린 눈으로 매트리스를 바라보곤 했다. 그도 그럴 것이 당시만 해도 침대를 사용하는 집이 거의 없었고, 어린아이들 눈에 매트리스는 더없이 낯선 물건이었다. 높이 쌓아둔 매트리스 펠트 사이에서 친구들과 신나게 숨바꼭질을 하고 있으면, 아들의 공장 일을 도우시던 할머니께서 "이

리 와서 나 좀 도와주라!"며 부르시곤 했다. 할머니의 조수 노
릇이란 수작업을 하시는 할머니 옆에 붙어 앉아 정확한 때를
기다려 '공기통'이라는 부품을 하나씩 전달해 드리는 일이었
다. 지금은 기계가 다 하는 일이지만 당시에는 대부분의 공정
이 손으로 이루어졌었는데, 특히 매트리스 옆면의 공기통은
사람이 일일이 망치로 때려 끼워 넣어야 했다. 내가 부품을 한
개씩 전해드리면 할머니가 받아서 망치로 '탁' 치시는 그 일이
그렇게 재미있을 수가 없었다.

  공장에서 놀던 일 말고 또 기억에 많이 남는 것은 공장 직원
들의 회식에 따라다녔던 일이다. 기껏해야 여덟 살짜리가 어
른들의 술자리에 끼어 앉아 공장 돌아가는 일 이야기를 들으
며 집어먹던 소금구이 한 점의 맛은 지금도 잊지 못한다. 그때
막 군대를 제대하고 우리 공장에 왔던 이십 대 젊은 직원은 지
금 총괄팀장님이 되어 계시다. 아버지는 종종 "거래처 가격에
맞추는 일이 매번 어렵다."고 말씀하셨고, 다 합쳐 다섯 명인
직원 아저씨들은 "그래도 이만큼 물량이 있는 게 어디냐."며
어찌 됐건 호시절이라고 했다. 사실 돌이켜 생각하면 그때는
제조업 경기가 지금보다 훨씬 좋았다. 심지어 매트리스 가격
만 해도 지금의 납품가와 큰 차이가 없었다. 최근까지도 납품

가 10만 원짜리 매트리스가 흔했는데 30년 전에도 10만 원 수준에 납품하곤 했으니 말이다. 그 정도로 매트리스가 귀한 물건이기도 했던 시절이다.

큰 불경기는 IMF 때 처음 겪었다. 많은 회사들이 부도가 나던 그 시절, 주변의 침대 공장들도 숱하게 문을 닫았다. 거래처였던 브랜드 회사들이 거래대금을 주지 않고 문을 닫으니 납품공장들은 오죽했으랴. 그 어려운 시절도 잘 버텨왔던 우리 공장도 2011년경 수억 원의 부도어음을 받고 큰 위기를 맞을 수밖에 없었다. 미수금이 이미 수십억 원에 육박하던 시기였다. 그리고 회사가 그렇게 크게 휘청거리자 부친은 당시 다른 회사에 다니고 있던 내게 도움을 요청하셨다.

사회생활을 시작할 무렵의 나는 사실 이곳에서 일할 생각이 거의 없었다. 우리 공장이 물려받을 정도의 규모가 아니기도 했다. 그래서 부친의 사업과 상관없이 나만의 커리어를 쌓고 싶어 서울대학교 경영학과를 졸업한 후 해외 사업 경험을 쌓고 싶어 삼성물산에 취직했던 터였다. 그러나 온 가족이 오랜 열정으로 일군 공장이 문을 닫는 것은 차마 두고 볼 수 없었다. 그렇게 '아모스'에 직원으로서 첫발을 들였다.

처음 출근해서는 직책만 실장이었을 뿐, 신입직원과 다를 바 없었다. 공장에서 봉합공정을 배우기도 하고 때로는 물류팀에서 배송일을 하기도 했다. 짐칸에 매트리스를 가득 싣고 트럭을 운전해 납품을 하고, 고객의 집으로 직접 배송을 가기도 했다. 물류창고에 책상 하나를 가져다 두고서 현장 일을 하나하나 배워나갔다. 그때는 공장 사정이 너무 어려웠기 때문에 싫고 좋고를 따질 겨를도 없었다. 그저 하루빨리 회사를 정상화시켜야겠다는 생각뿐이었다.

그렇게 시간이 흐르면서 부친의 가르침을 따라 '신의'를 목숨처럼 지키며 공장을 경영해 나가기 시작했지만, OEM 공장으로서 살아남는 것은 정말 힘든 일이라는 것을 깨달았다. 약속을 지키고, 사양을 속이지 않으며, 우리가 할 수 있는 최선을 다해도 한 발 앞으로 나가기가 쉽지 않았다. 나는 우리 공장을 납품공장으로 영원히 머물도록 하고 싶지 않았다. 굳은 각오를 다졌고, 마침내 오랜 세월 함께해온 경험 많은 직원들과 함께 우리만의 브랜드인 브랜드리스를 만들었다. 그리고 오래전 친구들과 뛰어놀았던 그 공장은 이제 40배의 외형으로 성장했다.

어린 시절의 추억이 깃든 공장에서 수십 년 선배들과 함께 브랜드리스를 만들고 키운 이 경험은 내게 정말이지 소중하다. 항상 바라건대 앞으로도 우리 구성원 모두가 우리의 공장, 우리의 브랜드를 지치지 않고 끝까지 지켜나갈 수 있었으면 한다.

우리 모두의 성장 곡선

우리 모두는 자신이 설정한 목표를 향해 하루하루를 살아 나가고 있다. 그 목표 지점에 있는 것은 사람마다 다르다. 어떤 이에게는 그것이 부와 명예일 수 있고, 또 다른 이에게는 가족의 행복일 수도 있다. 하지만 그렇게 목표를 설정했다 하더라도 끊임없이 성장하며 뜻한 바를 마침내 성취해 낸다는 것은 결코 쉬운 일이 아니다. 왜냐하면 그 길이 너무도 험난하고 기대한 성과를 얻기가 쉽지 않기 때문이다. 회사를 운영하며 가장 깊이 고민한 것 역시 이 부분이다. 죽을 각오로 열심히 하는데도 어째서 성과가 나지 않을까? 왜 자꾸 제자리걸음으로만 느껴지는 걸까? 그렇게 조바심 내던 어느 날 "빨리 성공하고 싶다."라는 생각은 정말 말도 안 되는 욕심이라는 것을 깨달았다.

우리가 공장을 운영해 온 30년이 넘는 기간 동안 매트리스 업계에도 수많은 흥망성쇠가 있었다. 업계에서 내노라하던 기업들 가운데 어느 순간 자취를 감춘 기업이 있는가 하면, 우리에게 납품하던 소규모 업체 가운데 지금은 크게 성공한 기업들도 적지 않다. 그런데 이렇게 성공한 기업들에는 뚜렷한 공통점이 있었다. 바로 엄청난 인내를 가지고 오랜 시간 매진했다는 것이다. 그런데 이때 기업 성장의 수치를 보면 놀랍게도 아주 오랜 기간 동안 제자리걸음이거나 오히려 하향곡선을 그렸다는 것을 알게 된다. 그래프를 그려보면 쉽게 알 수 있다. 어떤 일을 하는 과정에서 x축을 시간, y축을 성장이나 성과라고 할 때, 우리가 흔히 생각하듯 똑바른 우상향 대각선의 순조로운 성장세를 보이는 경우는 거의 없다. 처음 시작부터 중반 이후까지도 성과는 지지부진하거나 오히려 퇴보하기도 한다.

하지만 그 다음이 예상 밖이다. 그래프는 어느 순간 놀랄 만큼 가파른 상승곡선을 그리게 된다. 그리고 그 결과, 지금은 누가 보더라도 성공적인 기업으로 발돋움해 있다. 결론은 이렇다. 첫째, 아무리 열심히 해도 처음에는 눈에 띄는 성과를 얻기 어렵다. 아니, 오히려 역성장을 하기도 한다. 둘째, 그러나 인내심을 가지고 목표를 향해 꾸준히 매진하다 보면 어느 순간부터는 놀라운 속도로 성장하며 목표치에 다다른다.

사실 이 세상에 이와 같은 성장곡선을 따르지 않는 것은 없다. 공부나 운동 심지어 다이어트를 할 때도 마찬가지다. 예를 들어 공부를 할 때도 처음에는 성적이 도무지 오를 기미가 없다. 일주일, 한 달을 열심히 해도 막상 시험을 보면 이전과 다름없는 성적표를 받곤 한다. 그러다 보면 "아, 나는 해도 안 되는구나!" 하면서 포기하고 만다. 거의 90%가 이 지점에서 공부하기를 그만둔다. 결과가 나오지 않는 그 지지부진한 구간을 끝까지 참고 최선을 다하는 것이 너무나 어렵기 때문이다. 하지만 성적이 오르지 않는 그 구간을 참고 이겨내다 보면 어느 순간 훌쩍 성장한 자신의 모습을 볼 수 있게 된다. 여기서 또 하나 중요하게 생각할 부분이 있다. 뚜렷한 성과가 나오지 않는 구간에서 90%가 포기하고 나가떨어지기 때문에 이 구간만 통과하면 그다음부터는 경쟁자가 없다는 것이다. 경쟁자가 없으니 내가 얻는 성취의 열매는 더 커질 수 있다.

누구나 새로운 일을 시작할 때는 이렇게 생각한다. '내가 공부하면 바로 성적이 오를 거야.', '내가 회사 그만두고 창업하면 금방 잘될 거야.' 하지만 이런 생각에 빠져 있으면 결코 원하는 성취를 이룰 수 없다. 예외 없이 나타나는 '낮은 성장세의 구간'에서 조바심이 나고 답답한 마음에 중도 포기할 수밖에 없기 때문이다. 오히려 반대로 '처음에는 고생할 생각하자.', '눈 딱 감고 3년만 애써 보자.' 이렇게 생각해야 길고 긴 인고의 시간을 견딜 수 있다.

돌이켜 보면 브랜드리스 역시 같은 과정을 거쳤다. 앞서도 말했다시피 처음 브랜드를 론칭했을 때는 매출이 거의 없었다. 몇 개월이 지나도 매출이 0이었다. 오죽하면 당시 체험관에 근무하던 한 직원이 퇴근하면서 "사장님, 죄송한데 오늘도 매출이 0입니다. 월급 받기가 너무 죄송하네요."라는 말까지 했을까. 그러나 지금은 매일 전국 41개의 체험관과 온라인몰을 통해 수많은 고객이 우리 매트리스를 구입하고 있다. 그 당시로서는 상상도 할 수 없던 일이다. 그리고 이런 높은 성취의 밑바탕에는 저 성장곡선 중에서 가장 낮은 곳에 자리한 '인고의 시간'이 있었다. 브랜드리스 전 구성원이 '보이지 않는 미래'를 믿고 끊임없이 노력했던 시간 말이다. 물론 더 넓게 보면 아직도 그 인고의 시간을 건너고 있는 중이라고 할 수 있다. 이름만 대면 알만한 세상의 수많은 기업, 브랜드들과 어깨를 나란히 하기 위해서는 아직 갈 길이 멀기 때문이다. 그 기업들 역시 어느 날 갑자기 혜성처럼 나타난 것이 아니다. 수십 년의 시간을 거치며 인고의 세월을 지나왔다는 것을 나는 안다.

모든 성공하는 국가와 기업, 개인에게는 이렇듯 기나긴 인

내와 인고의 시간이 반드시 있다. 그 성장 곡선에 대한 믿음이 확고하기에 브랜드리스 구성원들에게도 이 점을 항상 이야기한다. 회사 입사 직후에는 급여와 직급, 기타 편의 복지 등이 본인이 원하는 수준과 차이가 있을 수 있으니 유념하라는 것. 이것은 비단 우리 회사뿐 아니라 삼성, 현대 등 유수의 대기업도 마찬가지기 때문이다. 입사하자마자 꽃길을 걸을 수 있는 회사는 없다. 처음에는 '때려치울까?' 하는 마음이 생길 정도로 힘들 수 있지만 연차와 경력이 쌓이다 보면 어느 순간 가파른 기울기를 그리고 있는 조직과 나의 성장을 목격할 수 있다. 그리고 그 성취감에서 얻는 자기만족은 그 어떤 즐거움과 비할 바가 아닐 것이다.

나는 나를 포함한 우리 회사 전 직원이 모두 이 인고의 구간을 함께 건너기를 바란다. 그리고 그 시간을 거쳐 저마다 바라는 성과와 성공을 거두기를 진심으로 희망하고 기원한다. 지금 비록 힘들더라도 어두운 터널을 다 지났을 때 누구보다 크게 성장해 있을 우리의 모습을 분명히 믿고 있기 때문이다.

최상의 편안함을
위하여

'세상 사람들의 깊은 잠을 돕겠다.'며 시작한 브랜드리스. 브랜드리스가 세상에 나온 지는 10년이 안 됐지만 이전의 공장 시절까지 포함하면 총 35년이라는 시간이 흘렀다. 이 시간 동안 한결같이 고민하는 것은 깊은 잠을 가능케 하는 '최상의 편안함'이다. 실로 오랜 세월 동안 공장과 연구소 그리고 체험관의 직원들이 저마다 자신의 자리에서 오로지 '고객의 수면'과 '편안한 잠자리'만을 위해 최선의 노력을 다하고 있는 것이다.

브랜드리스가 지금껏 해온 '수면'과 '편안함'에 대한 연구는 다양하다. 가장 주된 것은 당연히 매트리스에 대한 연구와 신규 개발일 것이다. 부친의 공장 시절부터 함께해온 직원들과 지금껏 만들어낸 신제품과 특허들은 셀 수 없이 많다. 타 업체에서 시도하지 않았던 다중 스프링, 가격 문제로 쉽게 도전하기 어려운 말총패드, 100% 양모패드, 자동살균공정 국제특허 등이 그것이다. "어떻게 하면 더 편안한 잠자리가 완성될 수 있을까?"라는 우리의 질문들에 스스로 답하면서 여기까지 왔다. 이런 우리의 이런 노력들이 수많은 고객들의 선택으로 이어진 것은 어쩌면 매우 놀랍고도 당연한 일일 것이다.

브랜드리스는 매트리스 기술 개발 및 연구 외에도 다양한 수면 관련 연구와 활동을 하고 있다. 수면은 삶의 가장 기본이 되는 요건이자 몸과 마음을 치유하는 최고의 방법이다. 때문에 충분한 수면을 취하는 것은 건강 유지와 질병 치료에 필수적이다. 하지만 현대인들은 바쁜 일과와 스트레스로 충분한 수면을 취하지 못하고 있는 것이 현실이다.

이런 문제의식에서 출발한 것이 '바른수면연구소'다. '바른수면연구소'는 2012년 개소해 현재까지 현대인의 수면에 대한 다각적인 연구를 서울대병원과 함께 진행하고 있다. 이곳에서는 수면 관련 이슈나 매트리스 관련 연구과제가 있을 때마다 피실험자를 대상으로 정밀한 실험과 연구를 진행하고 그 결과를 사회와 공유하고 있다.

수면 카페도 빼놓을 수 없다. 코로나 유행의 여파로 현재는 잠시 쉬고 있지만, 서울 명동과 경기도 일산, 부산 등에 직장인을 위한 수면 공간을 운영했다. 지금은 이런 유형의 휴식형 카페가 곳곳에 많이 있지만 당시만 해도 매우 새로운 수면 체험 공간이었다. 일정 비용을 내고 입장하면, 제공되는 음료와 함께 프리미엄 매트리스에서 편안한 잠과 휴식을 취할 수 있다. 전날 야근이나 회식으로 피로한 직장인들에게 딱 맞는 수면 & 휴식 서비스였던 셈. 특히 오피스가 많은 지역에 마련해 평일 낮 이용인구가 많았다. 현재는 보다 업그레이드 된 시즌2를 구상 중에 있다.

브랜드리스는 세상 사람들의 깊고 편안한 잠을 위한 수면 콘텐츠도 꾸준히 발매하고 있다. 잠자리에서 듣기 좋은 수면음악(베스트슬립 뮤직) 음반, 수면의 중요성과 유용한 정보를 담은 수면도서, 어린이를 위한 수면동화 등이 그것. 이 중 수면음악&사운드 음반은 수면에 도움이 되는 다양한 소리를 직접 채집해 담았다는 점에서 의미가 있다. 동해 바다, 국제공항 등에서 들리는 백색소음 외에 몽골 사막의 소리까지도 채집해 음반에 담았다. 또한 수면도서 《굿슬립 굿라이프》, 《슬기로운 수면생활》을 펴내기도 했다. 이 책은 수면의 중요성과 수면 부족으로 생기는 부작용 등을 설명하는 한편 숙면에 도움이 되는 다양한 방법과 사례들을 담고 있다. 매일 자는 잠이지만 막상 그 잠에 대해 잘 모르는 현대인을 위한 수면 지침서라고 할 수 있다. 이외에 수면동화 《엄마, 나 안 졸려》는 잠자기 싫어하는 아이의 마음을 읽어주고, 잠잘 준비를 돕는 잠자리 그림책이다. 올바른 수면 습관의 형성은 아이의 신체적 정신적 건강을 유지하는 데 도움이 되므로 이 책은 어린이들의 수면 습관을 위한 필독서라고 할 수 있다.

이미 많은 고객들로부터 호평받고 있는 브랜드리스의 기술력이지만 품질 향상을 위한 혁신과 노력은 멈출 수 없다. 매트리스야말로 수면과학의 집약체이고, 우리가 하는 모든 수면 연구, 관련 서비스들도 결국은 매트리스를 위한 것이기 때문이다. 새로운 소재 발굴은 그 대표적 활동 중 하나다. 이를 위해 정기적으로 유럽을 방문하고 있으며 그 가운데서도 특히 유럽 가구 박람회들에는 반드시 참석하고 있다. 침대문화의 발원지가 서양이기 때문에 특히 소재 부문에서 우리의 기술과 접목시킬 부분이 많은 것. 고객의 니즈가 끊임없이 변화하는 매트리스 시장에서 이처럼 고품질의 친환경 소재를 찾아내는 일도 더없이 중요하다.

이 모든 일들을 계획하고 실천하기 위해 브랜드리스의 공장과 수면연구소는 항상 쉼 없이 돌아가고 있다. '최상의 편안함'을 위한 브랜드리스의 노력은 오늘도 계속된다.

결국은 본질이다

기업을 성장시키기 위해 경영진과 구성원은 수많은 아이디어를 생각해 내곤 한다. 그러다 보면 전자회사가 건설회사가되고, 의류기업이 식품을 판매하기도 한다. 분명히 얼마 전까지만 해도 매트리스 전문기업이었는데 어느 날인가부터 의자와 소파를 전시해 판매하는 경우도 적잖이 보게 된다. 물론 이렇게 하는 데는 나름의 이유가 있을 것이다. 침대만 팔아서는회사 운영이 어렵고, 전자제품보다 부동산이 더 잘 팔렸기 때문일 것이다. 시류에 맞게 또는 경쟁에서 살아남기 위해 변화는 어쩔 수 없는 일일 수 있다. 하지만 그러다 보면 안타깝게도 처음에 생각했던 본질에서 한참 멀어지고 만다. 반면 오로지 식품만 제조 판매해 수십조 가치의 기업으로 성장한 경우도 볼 수 있다.

우리 역시 살아남기 위해 많은 변화를 모색해 왔고, 그 결과 OEM 기업에서 우리만의 독자 브랜드를 가진 기업으로 변모

했다. 중소기업이 살아남고 더 크게 성장하기 위해서는 경영진과 구성원이 제자리에만 머물러서는 안 된다는 생각으로 끊임없이 새로운 길을 찾아 나섰다. 그 과정에서 남들과는 다른 유니크한 제품과 서비스를 제공하기 위해 연구와 개발에 최선을 다했고, 어느 정도의 성취도 이루었다고 생각한다. 하지만 이처럼 많은 변화를 거듭하는 중에도 우리가 침구회사, 매트리스 기업이라는 본질만큼은 절대 잊지 않았다. 우리가 어떤 기업으로 성장하던 그 중심에는 매트리스와 침구가 있어야 한다. 그것이야말로 우리가 35년 동안 지켜왔던 가장 중대한 주제이고, 본질이기 때문이다.

여러 침구 가운데서도 특히 매트리스는 우리 회사의 처음과 끝이라고 할 수 있다. 매트리스 하나만 연구해도 100년이 부족하다. 처음 공장에서 1년 정도 일했을 때는 막상 해보니 너무 어려워서 '10년을 공부해도 매트리스에 대해 다 알지 못하겠구나!'라고 생각했었다. 그로부터 정확히 10년이 흐른 지금, 그 생각에는 변함이 없다. 아니, 오히려 매트리스에 대해 배워야 할 것과 연구하고 싶은 분야가 더 많아 버거울 정도다. 그만큼 매트리스의 세계는 너무나도 무궁무진하다. 가장 기본적인 소재부터 기능, 디자인까지 모든 것이 다 우리의 연구 대상이다. 그리고 이미 완벽에 가까운 퀄리티를 구현했다 하더라도 시대가 변화하고 소비자의 가치관이 변화할 때마다 그에 발맞춰 또 다른 혁신을 이뤄내야 한다. 매트리스의 과거부터 현재, 미래까지 모두 살펴야 하니 우리의 공부는 끝이 없을 것이 분명하다.

사실 이것은 매트리스만 해당되는 이야기는 아닐 것이다. 세상의 모든 것, 모든 주제들은 사람이 100년을 공부해도 다 알지 못한다. 작은 볼펜, 얇은 종이 한 장도 그 안에 방대한 우주를 간직하고 있다. 물론 그 우주는 그것을 들여다보는 사람에게만 보인다.

매트리스라는 우주 안에서 브랜드리스의 지향점은 언제나 확고하다. '프리미엄 매트리스의 대중화'를 반드시 이루겠다는 것. 그러기 위해서는 세 가지 본질적인 과제에 더 깊이 집중해야 한다.

첫 번째는 높은 품질의 프리미엄 매트리스를 개발하기 위해 새로운 소재의 연구 개발을 계속해야 한다. 고급 소재와 기능을 통해 제품의 퀄리티를 지속적으로 향상시켜야 한다.

두 번째는 비용 절감을 위한 노력을 멈추지 않는 것이다. 현재도 브랜드리스는 매트리스 제조원가를 낮추는 일에 온 역량을 집중하고 있다. 그런데 여기서 중요한 것은 절대 소재만큼은 건드리지 않는다는 것이다. 비용 절감과 관련해 소재는 애초에 논의 대상이 아니다. 만약 저급의 소재를 사용해 매트리스의 소비자가를 낮춘다면 그것은 우리가 지향하는 '프리미엄 매트리스의 대중화'와 전혀 맞지 않는다. 그 대신 공정의 효율화와 업무 실수를 최소화하는 방법으로 비용을 절감해 나가야 한다.

마지막 세 번째 과제는 바로 '신의와 신뢰'를 지켜나가는 것이다. 부친의 공장 시절부터 우리 회사는 신의를 목숨처럼 귀하게 여겼다고 자부한다. 다른 공장들이 납품단가를 맞추기 위해 임의로 사양을 변경하고 주요 내장재를 고의 누락하는 방법으로 나날이 승승장구하는 것도 수없이 봐왔다. 그러나 우리는 그런 방식으로 회사를 키우는 것은 진정한 성장이 아니라고 믿었다. 무엇보다 우리와 계약한 거래처, 고객과의 신의를 저버리는 것은 있을 수 없는 일이라고 생각했다. 약속을 했다면 무슨 일이 있어도 지키는 것이 맞다고 믿었다. 그 굳건한 의지는 앞으로도 절대 놓쳐서는 안 될 브랜드리스의 정신적 자산이다. 그 신념과 의지를 끝까지 지켜나가는 것은 지난 30여 년의 세월 동안 우리 매트리스를 잊지 않고 찾아 준 고객에 대한 최선의 보답일 것이다.

브랜드리스는 작은 매트리스 공장에서 출발해 오늘에 이르렀다. 미래의 브랜드리스는 어떤 모습일까? 새로운 혁신과 더 큰 성공에 대해서는 단정하기 어렵지만 하나는 분명하다. 오로지 고객의 잠자리만을 연구하고, 그 편안한 잠자리를 위한 침구를 생산 판매하는 기업으로 끝내 남겠다는 것. 그 미래를 향한 브랜드리스의 노력은 결코 멈추지 않을 것이다.

"고객님의 합리적인 소비가 더 좋은 매트리스를 만듭니다"

시장 분위기에 편승해 품질보다는 높은 가격으로 상품의 가치를 끌어올리려는 기업이 있는가 하면, 좋은 제품을 적정 가격에 판매하며 그 프레임에서 벗어나려 애쓰는 기업이 있다. '프리미엄 매트리스의 대중화'를 위해 애쓰고 있는 '브랜드리스' 서진원 대표의 이야기를 들어본다.

[편집부]

"죄송하지만 구매를 취소해야 할 것 같아요."

서진원 대표가 쇼룸에서 매트리스를 직접 판매했던 브랜드리스 초창기. 결혼을 앞둔 예비신부가 어머니와 함께 체험관을 찾아왔다. 며칠 전 예비 신랑과 같이 방문해 신혼 침대를 구매했던 고객이었다. 당시 브랜드리스 제품을 꼼꼼히 살펴보고 흡족한 결정을 했던 고객이기에 계약 취소는 상당히 의외였다. 구매를 번복하는 이유는 뜻밖에도 고객의 어머니가 밝혔다.

"우리가 침대를 혼수로 준비하는 건데 아무래도 유명 브랜드에서 값비싼 걸 사야 사돈댁에 면이 서겠다 싶어서요. 둘이 알아서 준비하라고 했더니 너무 싼 걸 샀지 뭔가요. 요새 고급 침대가 얼마나 많은데!"

서 대표는 가격이 싸다고 해서 제품의 퀄리티까지 낮은 것은 전혀 아니라고 잘 설명했지만, 고객은 이미 마음을 굳힌 상황이었다. 아쉬운 마음에 새로 구매고자 하는 브랜드와 제품명을 조심스럽게 물었고, 고객의 대답은 어느 정도 예상했던 바 그대로였다. 브랜드리스 공장에서 생산해 타 기업에 납품하고 있던 바로 그 매트리스였던 것.

안타깝게도 그 당시 브랜드리스 공장에서 납품하는 제품은 백화점에서 납품가의 몇 배 가격에 팔리고 있던 상황이었다.

그렇다 보니 그 고객이 최종 선택한 타 브랜드 매트리스는 기존에 구매했던 브랜드리스 제품보다 더 낮은 사양임에도 가격만 더 비싼 제품이라고 할 수 있었다. 하지만 그 속사정을 있는 그대로 고객에게 말하기는 어려웠다. 서 대표는 마지막으로 "고객님, 외람되지만 사실은 저희 제품이 더 좋은 사양의 제품입니다. 고품질의 제품을 공장 직판으로 판매하다 보니 이렇게 좋은 가격에 드리는 겁니다."라고 설득했지만 고객의 발길을 붙잡을 수는 없었다.

그 후로도 이와 비슷한 일은 셀 수 없이 많이 일어났다. 양상은 달랐지만 많은 고객들이 같은 이유로 브랜드리스 제품 구매를 망설이는 것을 알 수 있었다. '아무래도 비싼 게 좋겠지!', '비싼 매트리스는 뭐가 달라도 다를 거야.', '신혼 침대로 유명 브랜드에서 나온 천만 원짜리 매트리스 정도는 사야 맞지!' 등의 이유였다.

당시 고객들이 브랜드리스 제품을 선택하지 않은 이유는 크게 두 가지로 요약할 수 있었다. 첫째, 같은 제품이지만 유명 브랜드의 라벨을 달지 않았고, 둘째, 백화점에서 볼 수 없던 합리적인 가격으로 판매하고 있어서였다. 그때의 상황에 대해서 대표는 이렇게 이야기한다.

"같은 제품임에도 유명 브랜드가 아니고, 가격이 싸다는 이유로 고객의 선택을 받지 못하는 상황이 참 아이러니하게 느껴졌어요. 광고를 하지 않는 대신 그 비용을 줄여 고객께 가격 혜택을 드리고 싶었지만 그때까지는 고객의 '신뢰'를 얻지 못했던 겁니다."

그런데 이와 반대의 상황이 있다. 오히려 가구 업계, 매트리스 업계에 종사하는 이들의 경우 초창기부터 브랜드리스 제품을 매우 선호해 왔다는 것이다. 유명 브랜드 A사, B사 직원들은 매트리스를 사야할 때 브랜드리스로 온다. 매장을 간단히 둘러본 후 아무것도 묻지 않고 원하는 매트리스를 바로 계약하는 고객은 십중팔구 가구 기업 종사자다. 이들은 브랜드리스 제품의 가격이 낮다는 것에 전혀 의구심을 갖지 않는다. 오히려 훨씬 더 좋게 생각한다. 그 이유는 간단하다. 브랜드리스 공장의 오랜 납품 경력과 품질력을 정확히 알기 때문이다. 이것은 결국 제품에 대해 잘 알아야만 합리적인 소비도 가능하다는 사실을 분명히 알려주는 대목이다.

"그런 관점에서 본다면 브랜드리스 매트리스의 품질력을 더 넓게 알리지 못한 우리의 잘못이 적지 않으며, 프리미엄 매트리스의 적정가를 소비자에게 함구한 시장의 잘못도 크다고 생각합니다."

서 대표는 여기에 더해 지나친 대중매체 광고가 비용을 증가시키고 그 비용이 소비자에게 전가됨에도 불구하고, 결국에는 그 광고가 있어야 소비자의 선택을 받는 현상도 문제라면 문제일 수 있다고 이야기한다.

그런데 이렇게 비쌀수록 고객의 선택을 받기 쉬운 구조가 반복되다 보면 합리적인 가격의 제품을 제조 판매하는 회사들은 시장에서 점점 자취를 감출 수밖에 없다. 상품 제조와 판매의 최종 목표는 결국 '고객의 선택을 받는 것'인데, 지속적으로 고객의 외면을 받는다면 회사 운영이 불가능해질 것이기 때문이다. 이것은 비단 침대나 매트리스업계만의 이야기도 아닐 것이다. 때문에 매트리스 시장과 소비자에 대한 서 대표의 바람은 단순하다.

"기업을 운영하는 사람으로서 시장에 작은 바람이 있다면, 브랜드 이름보다는 실제 제품의 사양을 비교하는 분위기가 형성되었으면 합니다. 그래야 산업이 건강하게 성장하고 소비자도 더 행복할 수 있다고 생각해요. 더 많은 소비자가 적절하고 합리적인 가격의 매트리스를 구매할 때 세상에는 더 가성비가 뛰어난 고품질 매트리스가 넘쳐나게 될 것입니다.

에필로그

좋은 잠이 우리를 좋은 삶으로 이끈다

'브랜드리스(BRAND·less)'를 세상에 내놓고 '고객만족 극대화'를 목표로 10여 년의 시간을 쉼 없이 달려왔다. 고객이 만족할 수 있는 품질과 가격을 위해 전 직원이 한마음 한뜻으로 최선을 다했다. 오랜 노력 끝에 처음 기대했던 것보다 더 많은 고객들의 신뢰를 얻을 수 있었고, 브랜드 창업자의 입장에서 그 성과를 기록하고자 하는 욕심이 생겼다. 이 책은 그 결과물이다.

우리 회사의 성장을 기록하고자 시작한 일이었지만, 놀랍게도 책을 쓰면서 매트리스와 수면에 대해 더 깊이 연구하고자 하는 소망이 어느 때보다 크고 넓게 자라나는 것을 느꼈다. 우리 회사의 비전이 "세상 사람들의 깊은 잠을 돕습니다."인 만큼 기존에도 연구와 공부를 게을리하지 않았지만, 스스로 만족할 수 있는 최고의 수면전문가로 성장하겠다고 다짐하게 되었다.

그런 의미에서 브랜드리스 고객들과 이 책의 독자들에게 머리 숙여 깊은 감사를 전하고 싶다. 좋은 매트리스를 만들어 시장에 공급하겠다는 작은 소망이 어느덧 자라 수면 분야에 대한 다양한 콘텐츠를 갖춘 '브랜드리스'로 성장했으니 말이다. 이 모든 것이 우리 고객들 덕분이며 또한 이 책을 읽어주신 독자 덕분이다.

우리 인생에서 잠은 더없이 중요하다. 특히 복잡한 현대사회를 살아가고 있는 우리 모두에게 잠보다 더 좋은 영양제, 더 큰 위로는 없을 것이다. 지친 하루를 마치고 집에 돌아와 세상에서 가장 편안한 나만의 침대에 누웠을 때야말로 가장 행복한 시간이라고 할 수 있다. 그리고 이렇게 제대로 휴식하며 편히 잘 자고 일어나야 비로소 우리는 새로운 하루를 살아낼 에너지를 얻을 수 있다. 그런 하루하루가 모여 우리의 인생이 된다. 내가 이 책을 통해 궁극적으로 건네고 싶었던 이야기가 무엇이었는지 이제 더욱 분명해졌다.

"굿 슬립, 굿 라이프!"

스스로 개척하는 운명

브랜드리스
BRAND·less°

1판 1쇄 인쇄 2024년 10월 21일
1판 1쇄 발행 2024년 10월 29일

지은이 서진원

펴낸이 정용철 **편집인** 이경희, 김보현, 손민영 **디자인** ⓒ단팥빵
제작 제이킴 **마케팅** 김창현 **홍보** 김한나
인쇄 (주)금강인쇄

펴낸곳 도서출판 북산
등록 제2013-000122호
주소 06197 서울시 강남구 역삼로 67길 20, 201호
전화 02-2267-7695 **팩스** 02-558-7695
인스타그램 instagram.com/booksan_bs **이메일** glmachum@hanmail.net
블로그 blog.naver.com/e_booksan **페이스북** facebook.com/booksan25

ISBN 979-11-85769-75-2 03320

ⓒ 도서출판 북산, 2024